通読ガイド

歴史に沿って読めば
聖書がわかる 通読表つき

清水 顕孝［著］

JN071627

いのちのことば社

まえがき

世界人口の半数が手にした本

聖書、それは古代から読み継がれてきたもの。今も世界中の人々に読まれている神のことばです。日頃から旧約聖書を読んでいる人の数は、ユダヤ教、イスラム教、キリスト教を合わせると、世界人口の半分にものぼるといわれています。

聖書は、2000年の1年間で6億3,300万冊が配布販売され、1815年から1998年までの183年間に約3,880億冊が配布販売されたと推計されています。さらに驚くべきことに、聖書は世界で最も多くの言語に翻訳されています。世界の言語の百科事典ともいえる「エスノローグ」（23版）によると、2020年の時点で世界には約7,100の言語があるそうですが、そのうち聖書全巻（創世記〜ヨハネの黙示録）の翻訳が終わっているのは704言語。また、約2,711の言語では、新約聖書もしくは聖書の一部が訳され、読まれています（世界ウィクリフ同盟、2020年統計資料）。

聖書を読む理由

世界中の人々に読まれている聖書ですが、どうして人は聖書を手に取り読むのでしょうか。それも1度だけでなく、何度も読み返すのでしょうか。

パウロという人物が愛弟子のテモテに宛てて書いた手紙を見ると、「聖書の朗読と勧めと教えに専念しなさい」（Ⅰテモテ4：13）とあります。注目すべきはその理由です。「そうすれば、自分自身と、あなたの教えを聞く人たちとを、救うことになる」（同16節）というのです。どうやら聖書を読むと救いを得ることができるようです。

イエスも聖書と永遠のいのちのつながりについて、このようなことを話されました。「あなたがたは、聖書の中に永遠のいのちがあると思って、聖書を調べています」（ヨハネ5：39）。イエスのことばからもわかるように、聖書には永遠のいのちに関する知識が記されています。

では、永遠のいのちに関する知識とはどのようなものなのでしょうか。ヨハネの福音書17章3節に記されたイエスのことばを見ると、次のように説明されています。「永遠のいのちとは、唯一のまことの神であるあなたと、あなたが遣わされたイエス・キリストを知ることです」。要するに、聖書を読み、唯一のまことの神とイエス・キリストを知ることが永遠のいのちだというのです。

聖書通読が救いに関わると思ったことはあるでしょうか。はるか昔、創造主なる神はイスラエル人に向けて、神のことばを心にとどめ、子どもたちによく教え込みなさいと命じました。また、家に座っているときも道を歩くときも、寝るときも起きるときも、これを彼らに語りなさいと教えました（申命6：6～7）。「聖書を読むことは大切だよ。なぜなら、永遠のいのちに関わるからだよ」と教えたのです。世界中の人が聖書を読む理由もここにあります。永遠のいのちに関わるものだからです。

● イエス・キリストを知ったことのすばらしさ

永遠のいのちなるイエス・キリストを知ってその人生が大きく変わった人がいます。新約聖書の一部を記録した使徒パウロです。

ユダヤ教のパリサイ派というグループに属していたパウロは、その熱心さのゆえに、教会に集うキリスト者たちを迫害し、牢屋に閉じ込めていました。そのようなパウロがイエス・キリストに出会い、そのお方を深く知るようになります。後に、パウロはイエス・キリストを知った喜びをこう書きつづっています。

「それどころか、私の主であるキリスト・イエスを知っていることのすばらしさのゆえに、私はすべてのことを損と思っています。私はキリ

ストのゆえにすべてを失いましたが、それらはちりあくただと考えています。」（ピリピ3：8）

　パウロはキリストを知ったことによって、それまで得であったすべてのものをキリストのゆえに損と思うようになりました。それほどキリストを知ったことのすばらしさに圧倒されたのです。

　そのすばらしさを伝えようとして各地にある教会に宛てて手紙を書き、彼らのために昼も夜もこう祈りました。

　「どうか、私たちの主イエス・キリストの神、栄光の父が、神を知るための知恵と啓示の御霊を、あなたがたに与えてくださいますように。また、あなたがたの心の目がはっきり見えるようになって、神の召しにより与えられる望みがどのようなものか、聖徒たちが受け継ぐものがどれほど栄光に富んだものか、また、神の大能の働きによって私たち信じる者に働く神のすぐれた力が、どれほど偉大なものであるかを、知ることができますように。」（エペソ1：16〜19）

　このように、パウロは他の信仰の兄弟姉妹たちが永遠のいのちなるイエス・キリストを知ることを切に願っていました。

　聖書にはパウロを圧倒し、その人生を大きく変えたキリストのすばらしさが秘められています。その喜びと望みはイエス・キリストを迫害していたパウロだけでなく、あなたの人生をも、いのちなるキリストに満ちたものへと変えてくれるでしょう。

聖書通読がうまくいかない理由

　聖書は数十世紀にもわたるロングセラーですが、意外にも日本のクリスチャンの間では読みにくいと敬遠されています。世界中で愛されているベストセラーが日本ではあまり親しまれていません。

　小説のように一晩で読み切れないからでしょうか。それとも遠く離れた古代中東の歴史と文化を背景に、聞き慣れない用語が多く使われてい

るからでしょうか。幼い頃から教会に出席している人でさえ、教会学校の教師から教わった箇所以外に聖書が何を伝えようとしているかについてあまり知りません。大人になってから何回も聖書を読んだものの、聖書の全体像がつかめないという人もたくさんいます。こと旧約聖書に対する苦手意識は多くのクリスチャンの抱える悩みの一つです。どうしてこうも読みにくいと感じるのでしょうか。

● 聖書の構成と読み方を知らない

聖書通読が親しまれない理由の一つに、聖書の構成に対する理解不足が挙げられます。

聖書の目次に載っている各書は年代別ではなく主題別に並べられています。そのため、目次の順番に従って聖書を読んでも歴史の全体像がつかめません。そもそも聖書が年代順に並べられていないからです。

次に、単に聖書の読み方がわからないという理由が考えられます。

初めて新聞の記事を読んだとき、次にどこを読めばいいかわからなくて全く違うところを読んでしまったことはないでしょうか。新聞には読む順番がありますが、それと同じように、**聖書にも読む順番**があります。たとえ聖書の構成を理解していても、年代順に読む方法を知らなければ、聖書を順序立てて整理することはできません。

これまでに、聖書を読みたいと願いながらもなかなか完読できない人をたくさん見てきました。そのほとんどが聖書の読み方を知らないまま聖書通読を始めたり、目に留まる箇所だけに着目して聖書が伝えようとする真意を読み過ごしたりしています。そのせいか、聖書を読もうとがんばるものの、その努力に比べて得られるものが少ないと感じ、いつしか「聖書は読みにくいもの」と思い込むようになってしまうのです。

聖書の構成と読み方を知らずに聖書を一読しようとするのは、何の準備もせずにエベレストに挑むようなものです。登頂はおろか、途中で道に迷い挑戦を断念せざるを得なくなります。期間にしておよそ4,000年

の歴史が凝縮されている旧約聖書と、イエス・キリストの誕生以降の100年を物語っている新約聖書を読破しようとするのは、高くそびえる山々に登るようなものです。

　世界にその名を連ねる高峰に挑むとき、登山家たちは綿密な計画を練ることから始めます。地図を広げてどのルートを通るか、1日にどれくらい進むか、どこで休憩を取るかなどを調べます。

　聖書を読むときにもそのような下準備が必要です。あらかじめ進むルートを確認し、1日にどこをどれくらい読むのかを計画する必要があります。さらに各書の主要なポイントを頭に入れておけば、迷うこともなく最後まで読み切ることができるでしょう。

● 忙しくて読む時間がない

　聖書の読み方がわからないという理由のほかに、仕事や勉強、家事に追われて聖書を読む時間が取れないという声を度々耳にします。本当に時間がなくて読めないのでしょうか。

　ある機関が行った世論調査によると、日本における1日当たりのインターネットの平均使用時間は3時間45分。ソーシャルメディアに関しては1日当たり36分でした。新聞、テレビ、ゲーム、マンガ、雑誌、ユーチューブ、ネットフリックス、アマゾンビデオなどを合わせると、優に約4〜5時間をメディアに費やしています。

　時間がないと嘆く人に時間の使い方を聞くと、娯楽や趣味などに少なくとも1〜2時間を充てていました。不思議なことに、当の本人はそれほど時間を費やしていたという自覚がありませんでした。どうやら習慣的にそうしていたようです。時間がないかどうか、1日を振り返ってみてください。

1　Hootsuite が行った、デジタル技術に関する使用状況を調査した結果「The Global State of Digital in 2019 Report」からの引用。

聖書は書物（書巻）にもよりますが、1章を読むのにおおよそ3〜4分かかります。全部で1,189章ありますから、**だいたい70〜80時間もあれば完読する**ことができます。つまり毎日15分さえあれば10ヶ月ほどで聖書を一読できてしまうのです。1日にまとまった時間を取るのが難しくても、隙間時間をうまく利用すれば15分は確保できるのではないでしょうか。

本書の構成と特徴

本書は、**歴史に沿って聖書を読む方法**を紹介しています。また、神が人と結ばれた契約とイスラエルの歴史という二つの視点から「イエス・キリストによる救い」という聖書のテーマを簡潔に説明しています。

大きく3部に分かれていて、第1部では聖書に関する基礎的な知識と聖書の構成を見ていきます。聖書に関する概要であり、聖書とはどのような書物なのか、どのように構成されているのか、またどう読めばいいのかについて説明しています。

続く第2部と第3部では、聖書を時代順に読む具体的な手順を説明しました。第2部では旧約聖書、第3部では新約聖書の読む順番を見ていきます。

聖書は1冊の文学集に似たところがあって、数十の大小さまざまな書物が収められています。そしてその中に、聖書を読み解くうえで鍵となる重要人物（キーパーソン）と契約（キーワード）が記されています。創造主なる神は重要人物と契約を結び、彼らを中心に救いの計画を推進されました。その契約に注目しながら聖書を読み進めてみてください。

本書の使い方

着実に聖書を読み進めるには、「全体から細かい部分へ読む」必要があります。いきなり聖書を一読しようとせず、全体像を思い描けるようになってから細かい部分へと目を向ける、ということです。

聖書の全体像を思い描けるようになることを、パノラマ台から辺り一面を眺めることにたとえて考えてみましょう。展望台から四方を見渡すと、地形や目印となる大きな建物しか見えません。細かいところは確認できませんが、それでも全体を把握しておけば、その場に足を運んだときに迷わず目的地に向かうことができます。行きたいところがだいたいあの辺にあると頭の中に全体像を描いているからです。本書もそれと同じように、聖書の全体像を把握するためのものです。

本書の目標は聖書の全体像を描くことにありますから、聖書の細かいところはあまり気にせず、一読を目指してどんどん読み進めてください。どうしても気になって仕方ないときには、その箇所に印をつけておきましょう。そして、後で教会の牧師など聖書に詳しい人に聞くようにしてみてください。

本書の巻末に収録されている「年間通読表」に従って読めば、１年で聖書を完読することができます。また、毎日５章ずつ読めば300日ほどで聖書を読み終えることができます。

最近では聖書を聴くオーディオブックやアプリなどがあり、通勤通学や家事の合間に聖書を聴くこともできます。５章を読むのに15 〜 20分かかりますから、隙間時間をうまく利用すれば１日に10章は難なく読めるでしょう。ぜひ一読を目指して聖書通読に挑戦してみてください。

● 初めて聖書を読もうとする人

初めて聖書を手に取る人は、聖書の歴史の骨組みとなる書物を優先的に読むようにしてみてください。いきなり全部となると、分量が多いた

めに途中で断念してしまいます。ですから、まずは聖書の歴史の骨組み
となる書物を読み、それから聖書一読に挑むようにしてみてください。

　聖書の骨組みとなる書物は全体の３分の１くらいですから、先にその
書物を読み、後から肉づけする形で他の書物を読むようにすると、思い
のほか容易に聖書を完読することができます。まずは、聖書の歴史の骨
組みとなる書物を読み、気が向いたときにでも残りの書物を読んでみて
ください。

　聖書を一読しようと張り切っても、ときおり通読を投げ出したくなる
気持ちに駆られるでしょう。その気持ちを乗り越えるための対処法を一
つご紹介します。聖書の意味がよくわからなくてもかまいません。ただ
読み続けてください。気になるところ、わからないところは飛ばし、と
にかく最後まで読み通すのです。

　登山でも最初の頃は周りの景色を楽しむ余力などありません。初心者
は山の中腹に差しかかると、ゼーゼー息を切らしながら足元しか見てい
ない場合がほとんどです。それでも登り切れば頂から壮大な景色を目に
することができます。その感動を味わうと、不思議とそれまでの苦労は
気にならなくなります。

　聖書を読んでいて意味がわからなくてもあまり気にせずに、まずは一
読を目指してやり抜きましょう。そうすれば聖書の全体像がおぼろげに
見えてきます。そうして１度でも読み切ってしまえば自信がつき、次の
挑戦も容易になります。

● すでに何度か通読した人

　**すでに何度か聖書を通読した人は、旧新約聖書にまたがる神の契約が
どのように実現するかに注目しながら聖書を通読するようにしてみてく
ださい。**

　聖書全体を網羅するためには、イスラエルの歴史が整理されている必
要がありますから、まずはイスラエルの歴史をおさらいすることから始

めるのをお勧めします。

　それから神がイスラエルと結ばれた契約と、神がイスラエルの間で行われた不思議なしるしをキリストによる救いと結びつけて、そのつながりに目を凝らしながら聖書を読むようにしてみてください。新約に記録されているイエスと使徒たちによる教えはすべて旧約に端を発しています。新約は、「旧約の神の契約の実現」と「神の救いの計画の完了」という二つの観点から福音の奥義を解き明かしていますから、旧新約の相関関係に注目しながら読むと、罪人を救おうとされている神のご計画の全貌を知ることができるでしょう。

● 聖書特有の読書法

　最後に、聖書を読むうえで最も重要なことをお伝えします。一般の書籍を読むときと大きく異なる聖書特有の読書法です。それは「聖霊の助けがなければ聖書を読み解けない」ということです。

　富士山を見ようと思って高台に行っても必ず富士山が見られるわけではありません。たとえ天気に恵まれても、どういうわけか富士山だけが雲に覆われて見えないこともあります。

　聖書も同じで、人の心に潜む罪によって真理が覆われ、神のみこころを悟れないことがあります。聖書をいくら読んでも、そこから神が伝えようとすることを読み取れなければ通読の意味がありません。

　人を救おうとする神のご計画を知るためには、聖霊の助けがなければなりません。聖霊の助けを受けて初めて神のみこころを歪めることなく正しく知ることができるのです。

　願わくは、聖霊が私たちの心に潜む罪の覆いを取り除いてくださって、神がどのように救いのご計画を遂行し、その偉業を成し遂げられたのか、またその過程で何を思いながらあなたを救おうとされたのかを読み取ることができますように。陰ながら応援しております。

目　　次

第1部　聖書を読み解く鍵

　登山には数通りのルートがあるように、聖書にもいくつかの読み方があります。目次の順番に従って始めから終わりまで読んだり、旧約と新約を交互に読んだり、特定の書物をじっくり探究しながら読んだりと実にさまざまです。

　ここでは、**聖書はどのような書物なのか、また歴史の流れに沿って聖書を読むための基礎的な方法**について紹介します。聖書の概要に関するものが多いため、少しばかり退屈に感じるかもしれません。しかし、聖書がどのような書物で、そこに何が書かれているかを知ることは、聖書を読む目的を明瞭にしてくれます。なんとなく始めたことは、ある日、何の理由もなくやめてしまうものです。ですから、ぜひ、旅に出かける準備をするような気分で、聖書の概要を確認してみてください。聖書の構成と読み方を理解すれば、通読する目的がはっきりするでしょう。

　それでは、聖書がどのような書物なのかについて見ていきましょう。

神のことばなる聖書

　1冊の文学集のように、聖書には数十の大小さまざまな書物が収められています。全66巻、1,189章、31,000以上の節から成っていて、旧新約を合わせると2,000ページにも上ります[2]。

　聖書が完成するまでには約1,600年の年月がかかったといわれていま

2　聖書に収録されている一つの書物を「巻」と呼ぶ。各巻は「章」と「節」によって区切られている。なお、詩篇は「章」の代わりに「篇」を使う。

す。39巻の書物から成る旧約聖書はおよそ紀元前1500年から紀元前400年の間に書かれ、27巻の書物から成る新約聖書はおよそ紀元40年から紀元90年までの間に記録されました。

　聖書を記録した人たちのことを「聖書記者」と呼びますが、そのほとんどは古代中東地域に暮らしていた預言者、王、祭司、総督、律法学者、羊飼い、詩人、徴税人、医者、漁師たちでした。約40人の多種多様な身分の人々によって記録されました。昔の中東地域に暮らしていた人々によって書き記されたため、旧約聖書にはおもにヘブル語が使われていますが、一部アラム語が使用されている箇所もあります（エズラ記、ダニエル書の一部ほか）。新約聖書には当時の地中海沿岸の公用語として使われていたギリシア語が使われています。

　聖書記者たちは、それぞれの立場や時代の情勢に合わせて各書を記録しました。一見すると、ユダヤ人の文学作品やイスラエルの歴史文献に見えるかもしれません。しかし、ユダヤ人は「創造主なる神が聖書を書かれた」と信じています。神が聖書記者の執筆活動の隅々まで介入し、神のみこころを偽りなくかつ誤りなく記録できるよう聖書記者たちを導かれたからです。それゆえに、**聖書のまことの著者は創造主なる神です**。

　聖書には預言者や使徒たちが伝えた神のことばがぎっしりと詰め込まれています。その昔、神は預言者や使徒たちを通して、多くの部分に分け、また、いろいろな方法で語られました。彼らが伝えた神のことばを「預言」といいますが、この預言という漢字には「予」ではなく「預」が使われています。神のことばを指す預言とは、神からことばを「預かる」ことであり、それを告げる預言者とは未来を先読みする予言者ではなく「神からことばを預かった者」を指します。

　このように、神は預言者や使徒たちを通して語られましたが、究極的にはイエス・キリストによってみこころを明らかにされました。そして、人のことばを用いて神のみこころを書き記し、後世に読み継がれるようにされました。そうして私たちの手元に届けられたのが聖書なのです。

神が聖書に記したこと

創造主なる神は、これだけ分厚い聖書にいったい何を書き記されたのでしょうか。ヨハネという聖書記者が記した福音書に、神が聖書を著した理由がこう述べられています。

「これらのことが書かれたのは、イエスが神の子キリストであることを、あなたがたが信じるためであり、また信じて、イエスの名によっていのちを得るためである。」（ヨハネ20：31）

神は聖書に、永遠のいのちを得るための道理を書き記されました。聖書を読む人にイエスが神の子であることを伝え、永遠のいのちを与えようとして、聖書に福音の奥義を書き留められました。

バプテスマのヨハネと呼ばれる人物も、イエスは罪人を救うためにお生まれになったと公言しました。またイエスの弟子たちも、曲がった時代から救われなさいと言って、キリストによる救いを宣べ伝えました。神は罪にしいたげられている人々を自由にし、永遠のいのちに至る道、すなわちイエス・キリストを伝えようとして聖書を書かれたのです。つまり、**神が聖書に書き記したのは、神の子イエス・キリストによる救い**なのです。

聖書に記されている大小さまざまな物語は、キリストによる救いというテーマによって一つにつなぎ合わせられます。神の救いの計画は神が人と結ばれた契約によってその全貌が少しずつ明らかになり、イエス・キリストの十字架と復活をもって完成しました。たくさんのパズルのピースをつなぎ合わせると一つの大きな画が浮かび上がるように、聖書に記された神の契約をつなぎ合わせると救い主イエスが浮かび上がるのです。

それと、聖書の特質は「著者が今も生きている」という点にあります。

地上のどのような本も、その著者はいずれ死に、忘れ去られますが、はるか昔に完成した聖書の著者は今も生きておられます。その神が昔も今も聖書を通してあなたに永遠のいのちなるイエス・キリストを伝えようとしているのです。

聖書の構成

聖書は旧約と新約に分かれています。旧約を第 1 部、新約を第 2 部と考えてもかまいません。旧約と新約では、何が違うのでしょうか。

● 旧約と新約の区分

旧約聖書は、後に来られる救い主を待ち望む観点から救い主イエスについて預言しています。わかりやすく言えば、「いずれ救い主がおいでになる」というメッセージを伝えようとしているのです。ことアブラハムとダビデという二人の人物に、救い主について多くのことが告げ知らされました。

新約聖書は、地上に来られた救い主イエスに関する記録です。そこには旧約に記されている救い主にまつわる預言の成就と、神の国の福音がエルサレムから全世界に広まる様子が描かれています。加えて、イエス・キリストが再臨されるときに完成する神の国に関する預言も記されています。

旧約聖書も新約聖書も救い主イエスに焦点を当てています。旧約と新約の最も大きな違いは、イエスが生まれる前に書かれたか、それとも後に書かれたかです。

● 聖書の時間軸と空間軸

聖書が読みにくいと感じるのは、聖書の構成と読み方を教わらなかったからです。聖書には天地創造から始まり、イエス・キリストが生まれ

てから約 100 年後までの歴史が書き記されていますが、現代の一般的な聖書は、年代順ではなく主題別に並べられています。そのため、始めから順を追って読んでも聖書の歴史がなかなかつかめません。では、どのように聖書を読めば歴史を時系列にたどることができるのでしょうか。

　中高生のときに、日本史と世界史をどのように勉強したかを思い出してみてください。膨大な量の歴史をいくつもの時代に区分し、各時代の重要な出来事を確認しながら歴史を覚えたのではないでしょうか。それと同じ要領で、聖書の中の重要な出来事を並べれば、全体の歴史を一目で見渡すことができます。ポイントとなる重要な出来事については後述しますので、ここでは聖書の時間軸と空間軸について見ていきましょう。

　聖書にはおもに時間の経過を記録した書物（時間軸）と、おもに各時代の情勢を記録した書物（空間軸）があります。目次には 66 巻の書物が並べられていますが、旧約の歴史の流れは「創世記、出エジプト記、民数記、ヨシュア記、士師記、サムエル記第一・第二、列王記第一・第二、歴代誌第一・第二、エズラ記、ネヘミヤ記」の 13 巻に記されています。新約の歴史は「四つの福音書」と「使徒の働き」の 5 巻に書かれています。これら 18 巻が神の救いの歴史的経緯を記した書物として、時間軸の役割を果たしています。手っ取り早く聖書の歴史を知りたい方は、これら 18 巻の書物を優先的に読むとよいでしょう。

　そのほかの 48 巻の書物（詩歌書[3]・預言書[4]・書簡書[5]・黙示書[6]）は、それぞれの時代の中心人物や神の救いの計画に関する重要な出来事を述べています。

3　旧約聖書に収録されているヨブ記、詩篇、箴言、伝道者の書、雅歌のこと。

4　旧約聖書の目次にあるイザヤ書からマラキ書までの書物（計 17 巻）のこと。このうちイザヤ書からダニエル書（計 5 巻）を大預言書、ホセア書からマラキ書（計 12 巻）を小預言書と呼ぶ。

5　新約聖書のローマ人への手紙からユダの手紙までの書物（計 21 巻）のこと。

6　新約聖書のヨハネの黙示録のこと。

　たとえば、預言書の多くは列王記第二に記されている時代を背景に書かれたものです。列王記第二に登場する人物（王や民）に伝えられた神のことばが預言書に記されているのですが、列王記第二に記されている出来事を正しく読み解くためには預言書の記述を参照しなければなりません。

　また、使徒たちが記した書簡は使徒の働きに記された歴史に基づいています。ですから、使徒の働きに記された出来事を解釈するためには、使徒たちによって書かれた書簡を参照する必要があります。

　このように旧約の預言書と新約の書簡は、聖書の各時代の出来事をより具体的に記した書物として空間軸の役割を果たしています。

- **時間軸（流動的）：時間の流れ、歴史の流れ**
- **空間軸（固定的）：ある時代や特定の期間に起こった出来事に関する詳細な記録**

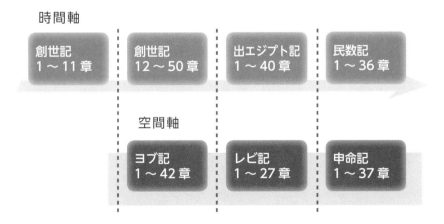

	時間軸	空間軸
旧約（39巻）	創世記、出エジプト記、民数記、ヨシュア記、士師記、サムエル記第一・第二、列王記第一・第二、歴代誌第一・第二、エズラ記、ネヘミヤ記（13巻）	レビ記、申命記、ルツ記、エステル記、ヨブ記、詩篇、箴言、伝道者の書、雅歌、イザヤ書、エレミヤ書、哀歌、エゼキエル書、ダニエル書、ホセア書、ヨエル書、アモス書、オバデヤ書、ヨナ書、ミカ書、ナホム書、ハバクク書、ゼパニヤ書、ハガイ書、ゼカリヤ書、マラキ書（26巻）
新約（27巻）	マタイの福音書、マルコの福音書、ルカの福音書、ヨハネの福音書、使徒の働き（5巻）	ローマ人への手紙、コリント人への手紙第一・第二、ガラテヤ人への手紙、エペソ人への手紙、ピリピ人への手紙、コロサイ人への手紙、テサロニケ人への手紙第一・第二、テモテへの手紙第一・第二、テトスへの手紙、ピレモンへの手紙、ヘブル人への手紙、ヤコブの手紙、ペテロの手紙第一・第二、ヨハネの手紙第一・第二・第三、ユダの手紙、ヨハネの黙示録（22巻）

神の契約に基づく救いの計画

　年代順に聖書を読んでいると、イスラエル人の歴史が見えてきます。
　神は永遠の死に定められた罪人をキリストによって救うと宣言しましたが、救いの計画を実現するに当たって人と契約を結び、その契約に基づいて救いの計画を遂行されました。旧約聖書を読むと、神がノア、アブラハム、イサク、ヤコブ、モーセ、ダビデなどと契約を結んだことがわかります。神は彼らに約束した祝福を、彼らと結んだ契約に基づいて

お与えになりました。

　こと神の救いの計画において重要な役割を担う人物がいます。新約に登場するパウロという人物が、救いをもたらすキリストの福音について語る場面で、二人の重要人物を紹介しています。ユダヤ人から信仰の祖先として敬われているアブラハムと、イスラエル王国を治めたダビデです。旧約時代において神はこの二人と契約を結び、イエス・キリストによる救いの計画の多くを語り告げました。ですから、アブラハムとダビデが旧約の歴史をひも解くキーパーソンになります。

　また新約時代に入ると、神はイエス・キリストと、イエスが遣わした使徒たちを通して、救いを全世界に告げ知らせます。イエス・キリストによって救いの計画が完了し、使徒たちを通してその喜ばしい知らせが世界中に告げ知らされました。したがって、新約時代の重要人物はイエス・キリストと使徒たちになります。

　このように聖書は神が契約を結んだ重要人物を中心に、**救いの計画が実現する歴史を通して救いの道理を伝えようとしています**。それゆえに、神が重要人物とどのような契約を結んだかを知る必要があります。重要人物の人生をたどりながら、神がどのように契約に基づいて救いの計画を成し遂げたかに注目しながら読みます。そうすれば、聖書に記された神の契約がつながり、神の救いの計画の全貌が見えてくるでしょう。

旧約時代の骨組みとなる書物

　旧約聖書の歴史はおもに「創世記、出エジプト記、民数記、ヨシュア記、士師記、サムエル記第一・第二、列王記第一・第二、歴代誌第一・第二、エズラ記、ネヘミヤ記」に記されています。これらを年代順に読めば、旧約時代の歴史を網羅することができます。

旧約の大まかな流れ

旧約聖書の歴史は、アブラハムとダビデを中心に前期と後期に分けることができます。

● 旧約時代の前期

旧約時代の前期を大まかに整理しましょう。

創世記、出エジプト記、レビ記、民数記、申命記、ヨシュア記、士師記、ルツ記が旧約の時代の前期に当たります。詩歌書に分類されるヨブ記も旧約時代の前期に該当します。これら9巻の書物には、神がアブラハムと結んだ神の契約と、その契約が実現する経緯が記されています。

天地を創造した神は、アブラハムを選び、彼にカナンの地を与えることと、子孫をカナンの地で繁栄させることとを約束されました。アブラハムがカナンの地を手に入れることはありませんでしたが、神がアブラハムと契約を結んでから数百年後、アブラハムの子孫に当たるイスラエル人は、神がアブラハムに約束されたとおりエジプトの地で非常に強くなり、大きな民族となります。神はイスラエル人をエジプトから連れ出し、神の山シナイでイスラエル人に律法を与え、契約を結びます。それからイスラエル人をカナンの地に導き、そこに住む先住民を追い払い、カナンの地を相続地として与えます。これがアブラハムを中心に繰り広げられる神の救いの計画の前半部です。

● 旧約時代の後期

続いて、旧約時代の後期を大まかに整理しましょう。

旧約時代の前期は、アブラハムを中心に神の救いの計画が進められました。後期には、ダビデという人物を基点に神の救いの計画が進展します。

サムエル記第一・第二、列王記第一・第二、歴代誌第一・第二、エズ

ラ記、ネヘミヤ記、エステル記が旧約時代の後期に当たります。その他、ヨブ記以外の詩歌書、諸々の預言書も後期の歴史を物語っています。

　アブラハムの子孫がカナンの地に入り、神が約束された相続地に住み着くと、イスラエルの王国を統治する王政を確立させようとします。**神はダビデとその子孫と契約を結び、ダビデの家系に王位を継承させると約束**されます。後期の歴史はダビデとその子孫が治めるイスラエル王国の確立と繁栄、分裂と滅亡、また再建の歴史といえます。

　このように旧約時代を前期と後期に分けて考えれば、聖書を読むときに、今どの時代にいるのかが見えてきます（25頁の表を参照）。

新約時代の骨組みとなる書物

　新約の歴史はおもに、マタイの福音書、マルコの福音書、ルカの福音書、ヨハネの福音書、使徒の働きに書かれています。四つの福音書は内容が似通っていますので、ルカの福音書を主軸に他の福音書と併せて読むとよいでしょう。

新約の大まかな流れ

　旧約聖書を読み解く鍵はアブラハムとダビデにありました。新約聖書を読み解くための主要人物は、イエス・キリストと使徒たちです。

　中でも、聖書の主人公に当たる人物がイエス・キリストです。ほかは脇役にすぎません。アブラハムとダビデはイエス・キリストの先祖であり、使徒たちはイエス・キリストから全世界に遣わされた使者です。

　それでは、イエス・キリストと使徒たちを基準に、新約の歴史を前期と後期に分けて整理してみましょう。

● 新約時代の前期

新約時代の前期を整理しましょう。

最初の 4 巻の福音書が新約時代の前期に当たります。そこにはおもにイエス・キリストの誕生と働き、十字架での死、復活と昇天に関する史実が記録されています。特に福音書は、イエスの約 3 年半におよぶ公生涯の働きに多くの紙面を割き、旧約時代に神がアブラハムとダビデに約束したことが実現する様子にスポットライトを当てています。

● 新約時代の後期

続いて、新約時代の後期を見ていきましょう。

福音書に続く使徒の働きは、新約時代の後期に当たる歴史です。そこには神の恵みの福音がエルサレムから全世界に広がる様子がつづられています。この時期に、イエス・キリストから派遣された使徒たちによる手紙が各地の教会に宛てて書かれました。

聖書の歴史の骨組みとなる書物

先述したように、聖書はおもに時間の経過を記録した書物と、おもに出来事の詳細を記した書物とに分けられます。いきなり聖書を一読しようとすると分量の多さに気が滅入り、多くが途中で断念してしまいます。ですから、**まずは聖書の歴史の時間軸の役割を果たす書物を読むように**してみてください。そうすれば、意外にもすんなりと聖書一読を成し遂げることができます。聖書の歴史の骨組みとなる書物をまとめましたので、ぜひ、これらの書物から読み始めてみてください。

旧約時代	**前期：アブラハムとその子孫**	
		1．神の契約：創世記
		2．約束の地への旅路：出エジプト記、民数記
		3．約束の地での生活：ヨシュア記、士師記
	後期：ダビデとその子孫	
		4．イスラエル王国の確立：サムエル記
		5．イスラエル王国の栄枯盛衰：列王記、歴代誌
		6．イスラエル王国の再建：エズラ記、ネヘミヤ記
新約時代	**前期：イエス・キリスト**	
		7．キリストによる契約の成就：ルカの福音書
	後期：使徒たち	
		8．神の国の福音の拡大：使徒の働き

文字を追うだけでなく、文脈を読む

　ここまで、時代順に聖書を読むための基礎的な方法について見てきました。この項目では、すでに何度か聖書を読んだ人向けに、聖書通読をより充実させるためのヒントをお伝えします。

　先述したとおり、聖書通読の目的は聖書に秘められた神のみこころを読み取ることにあります。唯一のまことの神とイエス・キリストを知ることこそが永遠のいのちだからです。ただ、聖書に秘められた神のみこころを読み取るにはいくつかの課題があります。聖書が辞書のように分厚いのと、神のみこころがイスラエルの歴史を通して示されているという点です。

　聖書はイスラエルの歴史文献や名言集などではなく、神がキリストによる救いの真理をあなたに知らせようとして書いたものですから、聖書を読む者に永遠のいのちを与えたいと願う神のみこころを読み取らなけ

れば、いくら聖書を読んでも神のすばらしさ、偉大さ、いつくしみ深さを知ることはできません。唯一のまことの神とイエス・キリストを知ることができなければ、いのちを失います。せっかく神とイエス・キリストを知ろうと聖書を読んでいるのに、いのちを得られなければ努力が水の泡となります。

聖書には66巻の書物が収められているわけですが、それらは1冊で完結する単体の作品ではなく、数十もの作品からなるシリーズです。ドラマにも数シーズンと続く長編ものがありますが、聖書も創世記からヨハネの黙示録まで66巻の書物によって成り立っています。したがって、神のみこころを知るためには66巻の書物を読み進めながら各巻の重要ポイントを探究し、その意味を読み解いていかなければなりません。

では、どうすれば聖書を読みながら神のみこころを知ることができるでしょうか。

聖書を通して神とイエス・キリストを知るためには、文脈を意識して読む必要があります。文脈を読むとは、聖書の話の流れを追いながら筆者の意図を読み取ることを意味します。前後の文章から筆者が伝えようとしていることを理解したとき、文脈を読んでいるといえるでしょう。

問題は、多くの人が場当たり的に聖書を読もうとしているという点です。あちこち飛び回りながら読んでいては、文脈を読んでいるとは言えません。各書のつながりに注目しながら話の流れに沿ってみことばを読む必要があります。そうすると、それらを結びつける一つのつながりを見出すことができます。

過去、私が目にしたある人の読み方を例に、場当たり的に聖書を読むことについて考えてみましょう。その人は、その日に読む聖書箇所を決めるとき、神様に「今日のみことばをお与えください」と祈って、パッと開いた箇所を読むようにしていたそうです。まるでおみくじでも引くかのように、その日に読むみことばを引いていました。そんなある日、

サムエル記第一 10 章を引き当てます。そして、7 節のみことばが目に入ったそうです。

　「これらのしるしがあなたに起こったら、自分の力でできることをしなさい。神があなたとともにおられるのですから。」

　このみことばを見て、その人は「これこそ、そのしるしだ！」と歓喜しました。そして、そこに書かれていたとおり、自分の力でできることをします。ところが、その結果は悲惨なものでした。聖書のみことばどおりにしただけなのに、いったい何が間違っていたのでしょうか。

　聖書はどこか 1 節だけを切り取って読むものではなく、文脈の流れからその意味を読み取らなければなりません。サムエル記第一 10 章 7 節の場合、まず「これらのしるし」とは何であるかを特定しなければなりません。次に、そのしるしが「あなた」、つまりサウルに起こる理由や目的をみことばから探る必要があります。

　それでは、それぞれどのような意味を持つのかを掘り下げてみましょう。10 章 6 節を見ると、「これらのしるし」とは、サウルが預言者の一団に出会ったとき、主の霊が彼の上に激しく下り、預言者たちのように預言することを指しています。そして、7 節を見ると、それが起こったら、「神がサウルとともにおられる」ことを意味するとあります。ここで、「どうして神がサウルとともにおられることを示す必要があったのだろうか」という疑問が頭をよぎります。

　そこで、前後の流れを確認します。10 章 1 節を見ると、預言者サムエルがサウルに油を注ぎ、イスラエルの王に任命する場面があります。神がサウルをイスラエルの王に任命したわけですが、サウルはイスラエルの最も小さな部族の出であり、さらに彼の家はその部族のどの家よりも見劣りしていました。ですから、サウルは自分が王に任命されたことがとても信じられなかったのでしょう。そこで預言者サムエルは、サウルが預言者たちのように預言するというしるしを通して、神がサウルを王にされたことを目に見える形で示すと告げたのです。

　文脈に沿ってみことばを読み解いていくと、「自分の力でできることをしなさい」というみことばの意味が違ってきます。心に思うことをしなさいと教えているのではなく、神から王に任命されたのだから王の務めを全うするために自分の力でできることをしなさい、という意味になります。

　このように文脈に沿ってみことばの意味を解釈すると、自分に都合のよい解釈を回避することができます。もしも聖書が本来伝えようとしているメッセージから逸脱するなら、神のみこころを取り違えてしまいます。そうなると、使徒ペテロが警告しているとおり、聖書のみことばを歪曲して、自分自身に滅びを招くことになります（Ⅱペテロ３：16）。そうならないためには、物事の前後関係を念頭に置き、聖書のみことばを捉えなければなりません。もちろん、その過程において聖霊の照明がなければ正しく読み解くことはできませんので、聖霊に助けを求めながら読み込む必要があります。

　それでは聖書の本来の意味を読み取るための具体的な方法を確認しましょう。特に次の三つの事柄を意識しながらみことばを読むようにしてください。
　初めに、一つの単語や語句の意味を解釈する前に「状況を把握する」ようにします。状況を正確に把握するためには、いつ、どこで、誰が、何をして、どうなったかを整理する必要があります。
　次に、「事象の背景を知る」ことです。たとえば、一つの単語を解釈するには、その「単語」が使われている文脈を考慮しなければその意味を正しく読み取ることはできません。それと同じように聖書に記されている神のことばや重要人物の言動を正しく理解するためには、前後の流れを踏まえたうえで、その行動に至った「理由」や「背景」を知らなければなりません。神が何か話されたときの状況を整理し、どのような理

由からそう話されたのか、その相関関係に注目するのです。

　最後に、聖書がそのことを通して伝えようとしているメッセージは何なのか、「神のことばの真意は何なのか」を考えます。聖書を読むときに「神は何を意図しておられるのだろうか」「結局、何が言いたいのだろうか」と神目線で考えながら読むと、聖書が伝えようとしている文意がおぼろげに見えてきます。

　こと意識的に文脈を読むようにすべき聖書のことばに、イエスの教えとたとえが挙げられます。福音書には 40 を超えるイエスのたとえが記されていますが、とりとめのない話をつなげているのではなく、一貫したメッセージを伝えようとしています。イエスの教えの根底には常に神の契約と神の国の実現がありますから、それらを踏まえたうえでイエスのことばを咀嚼しなければなりません。そうすると、イエスが神の国の福音について、何を教えようとしているのかが見えてきます。天地を創造した神は、聖書を通して「キリストによる救い」を伝えようとしていますから、**聖書を読むときには、常に神の契約と神の救いの計画に注目しながら話の筋道を追うようにしましょう。**

第2部　旧約聖書

　すでに何度か説明したとおり、旧約聖書は後に来られる救い主イエスについて預言しています。

　旧約聖書の歴史は、おもに創世記、出エジプト記、民数記、ヨシュア記、士師記、サムエル記第一・第二、列王記第一・第二、歴代誌第一・第二、エズラ記、ネヘミヤ記に記されています。歴代誌はサムエル記や列王記と重複する内容が多いため、ひとまず聖書の歴史を整理したいという人は飛ばしてもかまいません。歴代誌以外の11巻を先に読み、そのまま新約聖書に進むとよいでしょう。

旧約のあらすじ

　唯一まことの神は、全宇宙と地球上のすべての生き物を創造した後に、人を造られました。人が生きていくうえで必要なすべてのものを備えたエデンの園に人を置き、そこを管理するようにと命じられました。ところが、人は神の言いつけを破り、堕落してしまいました。人の心に芽生えた罪によって、人は神を遠ざけるようになります。罪による代償はあまりにも大きく、ついには最初の殺人が兄弟間で起こります。そのようにして、地上は人の罪によってのろわれていきました。罪に汚れ果てた地上をご覧になった神は、大洪水によって暴虐に満ちた人の世をさばかれました。それでも天罰に懲りなかった人間は、天に届くバベルの町と塔を建設しようとします。人の愚かさにあきれた神は、人のことばを混乱させ、人々を世界各地に散らしました。時を経て、神はアブラハムに現れ、アブラハムとその子イサクと孫ヤコブ（別名イスラエル）と契約を

結び、彼らにカナンの地を与えることと、子孫を繁栄させることを約束します。そして、彼らをイスラエル人の長としました。この時代にも、イスラエル人以外に創造主なる神を知る人々がいました。（創世記、ヨブ記）

　アブラハムの孫に当たるヤコブの家族は、飢饉による飢えをしのぐために一時的に約束の地カナンを離れ、エジプトに下っていきました。数百年後には、エジプトの地でおびただしく増え、大きな民族となります。イスラエル人が敵国に味方するのを恐れたエジプトの王は、イスラエル人に過酷な労働を課し、彼らを奴隷にしました。しばらくすると、神からの使命を受けたモーセがイスラエル人をエジプトの地から連れ出し、神の山と呼ばれるシナイ山へと導き入れます。イスラエル人の間で代々語り継がれるようになる「**エジプトからの脱出**」です。神はシナイ山で神のおしえ（十戒・律法）を授与し、イスラエル人と契約を結びました。それは、神のおしえに従うなら祝福するというものでした。また、礼拝するための天幕（幕屋）を授けました。（出エジプト記、レビ記）

　神はイスラエル人を約束の地カナンへ導くために動き始めます。道中、モーセは絶えずイスラエル人に神のことばを伝え、神のおしえを守り行うようにと指導しましたが、人々は事あるたびに不平不満を口にし、神の教えに背きました。すると、神はイスラエル人を「**40年間荒野に**」漂泊させ、神を信じようとしない1世代目の人々を根絶やしにされました。こうしてモーセを含む1世代目は荒野で死に絶え、ヨシュアがイスラエル人を約束の地カナンへと導く役割を担うことになります。ヨシュアを新たな指導者に、カナンの地の征服が始まります。（民数記、申命記、ヨシュア記）

　カナンの地に住み着いたイスラエル人は、神に選ばれた12人のさば

きつかさに従いました。さばきつかさが生きている間、その時代のイスラエル人は神の契約に記された掟<ruby>掟<rt>おきて</rt></ruby>と定めを重んじましたが、さばきつかさが死ぬとそれを破り、異邦人の神々を崇拝するようになります。それぞれが自分の目に良いと思うことを行い、先祖たちよりもいっそう堕落していきました。最後のさばきつかさが治めていた時代に、イスラエル人は人間の統治者（王）を求めました。そこで、神はサウル（１代目）、ダビデ（２代目）、ソロモン（３代目）をイスラエル人の王に任命し、「**イスラエルの王国を確立**」させました。（士師記、ルツ記、サムエル記第一・第二、列王記第一、歴代誌第一）

　イスラエル王国３代目のソロモン王の死後、イスラエル王国は 10 の部族からなる北王国イスラエルと、ほかの部族からなる南王国ユダに分裂します。北王国は、神の前に悪を行った歴代の王たちの後、19 代目でアッシリア帝国によって滅ぼされました。また、南王国ユダは 20 代目の王が国を統治した後に、新バビロニア帝国に征服されました。このとき、南王国に住む多くの民がバビロニア地方へ捕虜として連行されます。かの有名な「**バビロン捕囚**」です。バビロン捕囚の様子は、預言書の中からその一端を読み取ることしかできません。（列王記第二、歴代誌第二）

　イスラエル王国が確立し、南北に分裂した時代に神のことばを告げ知らせたのが預言者です。預言者は、神から預かったことばを人々に語り、神の前に悪を行う王政を鋭く批判しました。彼らの批判は、国の指導者と民が神の契約（掟と定め）を忘れて異邦人の習わしをまねているというものでした。イスラエル人が神の前に悪を行うと、預言者は人々の前に現れて警鐘を鳴らし、神に立ち返るよう呼びかけました。神は罪を犯すイスラエル人をさばきましたが、いつも悔い改めと回復の道を備えておられました。（預言書 全 17 巻）

　預言者エレミヤは、エルサレムの陥落と宮の破壊を嘆き、これを詩にまとめます。そのほかにも旧約には、神の恵みに関する詩人の歌や、信仰の教訓を記した知恵が多く収められています。さらには神への愛を歌った恋愛歌も収録されています。（哀歌、詩篇、箴言、伝道者の書、雅歌）

　ペルシア帝国が新バビロニア帝国を滅ぼすと、バビロニアにとらわれていた捕虜は解放され、ユダヤの人々（イスラエル人）は「**祖国への帰還**」を許可されます。このとき、約4万のユダヤ人がペルシア領となったエルサレムへと帰って行きましたが、住み慣れたバビロニアにとどまった人のほうがはるかに多かったといわれています。一部のユダヤ人がエルサレムに帰還してから約80年がたった頃、祭司エズラの指揮のもと、2度目の集団帰還が行われました。その後、ネヘミヤがペルシア帝国からユダヤ地方の総督に命じられ、エルサレムへ派遣されます。故郷に生還したユダヤ人は、エルサレムの神殿と町の城壁の再建、また「**信仰の復興**」に尽力しました。同じ時代に生まれたユダヤ人モルデカイの養女エステルは、敵の脅威からユダヤ人を救います。その後、新約聖書が始まるまでの400年間、神のことばは途絶えてしまいました。（エズラ記、ネヘミヤ記、エステル記）

旧約聖書　通読ガイド ～実際に読んでいこう～

「旧約のあらすじ」（30頁）に旧約聖書の流れがざっくりとまとめられ
ていますので、その内容を参考にしながら、歴史の流れに沿って聖書を
読む具体的な順番を見ていきましょう。

1. 旧約時代の前期（創世記～ルツ記）

旧約聖書の前半部には、アブラハムという人物を中心に、神の救いの
計画が本格的に始動する様子が描かれています。

● 大まかな流れ

旧約時代の前期を簡単におさらいし、おおまかな輪郭を描いておきま
しょう。**旧約時代の前半は、大きく三つに分けることができます**（25頁
の表を参照）。

一つ目は、神がアブラハムを選び、カナンの地と跡取りの子を与える
と約束した神の契約が記された創世記です。この契約によってイスラエ
ルの歴史が始まったといえます。神はたびたびアブラハムに現れ、彼に
約束された契約を思い起こさせます。アブラハムがカナンの地を所有す
ることはありませんでしたが、神の契約はアブラハムの子イサク、孫ヤ
コブへと受け継がれていきます。

二つ目は、カナンの地への旅路です。ヤコブの一家がエジプトに移り
住んでから400年後、ヤコブから4世代を経て、神がアブラハムに約束
されたとおり、イスラエル人は大いなる民族になりました。神はイスラ
エル人をエジプトから連れ出し、アブラハムに与えると約束されたカナ
ンの地へと導きます。エジプトからの解放とカナンの地への道のりを記
したのが出エジプト記、レビ記、民数記、申命記です。カナンの地へ向
かう道中、イスラエル人は幾度も神の導きに不平を鳴らします。すると、

神はイスラエル人の不信仰に怒りを燃やし、彼らを 40 年間荒野にとどめました。そうして 1 世代目のイスラエル人が死に絶えると、次の世代をカナンの地へ導き入れました。

　三つ目は、カナンの地での生活です。カナンの地における戦いを記したヨシュア記と、カナンの地に移り住んでからの生活を記した士師記とルツ記に、その様子が描かれています。カナンの地を占領すると、十二部族ごとに相続地が割り当てられます。こうして神がアブラハムに約束されたことがすべて実現しました。

●細かい流れと通読の順序

　ここからは、該当する聖書箇所のあらすじや、特に注目してほしい点、読み方のコツなどを解説します。それらを読んでから、または参照しながら、「読む順番」に沿って聖書を通読してみてください。

> 　聖書を手に取り、旧約聖書を開きましょう。
> 　旧約時代の前期に当たる創世記、出エジプト記、レビ記、民数記、申命記を読みます。聖書の歴史だけをたどるなら、創世記、出エジプト記と民数記を読み、他は飛ばしてヨシュア記へと進みましょう。

　創世記の前半部（1 〜 11 章）は、世界と人類の起源に関する史実です。創世記の前半部には天地創造の経緯だけでなく、神が人を救おうとされる背景も記されています。創造主なる神が非常に良いと言われたエデンの園で、人は神の掟を破り、罪を犯します。人の心に芽生えた罪は日に日に大きくなり、ついに地上は悪と暴虐とに満ちてしまいました。そのように罪に覆われた世界から、神は人を救うと宣言されます。

　創世記の後半部（12 〜 50 章）は、イスラエル人の先祖に当たるアブ

ラハム、その子イサク、孫ヤコブの歴史です。そこには天地を創造された神がアブラハムを選び、彼にカナンの地を与えることと、子孫を増やすこと、またアブラハムを祝福の源とすると言われた神の契約が記されています。創造主なる神は、神の契約に基づいてアブラハムとその子孫を祝福し、カナンの地へと導かれました。

出エジプト記の前半部（1 〜 18 章）は、創世記の最後の場面から400年ほどたった時代を物語っています。

アブラハムの孫に当たるヤコブ（別名イスラエル）とその息子たちは、カナンの地を襲った飢饉から生きながらえようとして、一時、約束の地を離れエジプトに移住します。エジプトに移ってから約400年後、神がアブラハムに約束したとおりに、イスラエル人はエジプトの地で非常に強くなり、大きな民族になりました。

イスラエル人の数が増えると、民族的な反乱を恐れたエジプトの支配者ファラオは、彼らを奴隷にして苦役を課します。しかしながら、その支配は神の御手によって終わりを迎えます。イスラエル人はエジプトから連れ出され、神の山シナイに導き入れられました。

続く**出エジプト記の後半部**（19 〜 40 章）と**レビ記**、また**民数記の前半部**（1 〜 10 章）には、エジプトから連れ出されたイスラエル人が、神の山と呼ばれるシナイ山に滞在していたときのことが記されています。

出エジプト記の後半部は、おもに創造主なる神がイスラエル人と律法を伴う契約を結び、神のご臨在を象徴する神の幕屋を建設する経緯を述べています。続くレビ記には、イスラエル人が神の民として生きていくために必要なおしえ（十戒・律法）が書かれています。神を礼拝するためにいけにえをささげる祭司の務め、神への奉納物、安息日、例祭などに関する規定が書かれています。それから民数記の前半部には、カナンの地への出発に向けてイスラエル人の人口を調査し、隊列を組んで移動

するための陣形に関する規定が記されています。こうして準備が整うと、神はカナンの地に向けて出発するよう命じ、イスラエル人をカナンの地へと導かれました。

　続く**民数記の後半部（11 〜 36 章）**には、シナイ山を出発したイスラエル人が、道中、神の導きに対して不平不満をもらし、神に信頼しなかった罰として 40 年間、荒野で漂泊するようになった経緯が記されています。エジプトから連れ出された 1 世代目のイスラエル人が荒野で息絶えると、モーセは次の世代に、神の律法（契約）の確認を行います。モーセが次世代のイスラエル人に向けて語った神のおしえが申命記に書かれています。

　民数記の後半部は荒野における 40 年の漂泊生活を述べている一方で、**申命記**はカナンの地に入ろうとする 2 世代目のイスラエル人に向けて語られたものです。「申命」ということばが繰り返し丁寧に命じることを意味するように、神の契約を次世代にもう一度教える様子が描かれています。

　なお、民数記 36 章を読み終えた後に、モーセの祈りである**詩篇 90 篇**のみことばを読むと、イスラエル人に対するモーセの心情を垣間見ることができるでしょう。

POINT ▶▶　神の救いの計画

　創世記の前半部には天地創造の経緯だけでなく、神が人を救おうとされる背景が記されています。創造主なる神が非常に良いと言われたエデンの園で、人は神の掟に背きます。そうして人は永遠の死に定められてしまいました。この永遠の死から、神は人を救うと宣言されます。

　アダムとエバをたぶらかしたサタンに対して神が宣告したことばに、神の救いの計画の一部が示されています。

　「わたしは敵意を、おまえと女の間に、おまえの子孫と女の子孫の間

に置く。彼はおまえの頭を打ち、おまえは彼のかかとを打つ。」（創世3：15）

　ここに出ている「女の子孫」とは、後に処女マリアから生まれる神の子イエスを指しています。創造主なる神は、人が最初に罪を犯したときからイエス・キリストによって罪人を救うことを計画しておられました。そして、救いの計画を、アブラハムの子孫であるイスラエル人を中心に進め、イエス・キリストの十字架と復活によって完了されました。このように、神は救いの計画を成し遂げるために重要人物を選び、彼らに計画の一部を告げ、彼らを通して救いの計画を推し進められました。

📖 **読む順番**　※下線の箇所は飛ばさずに読もう

　創世記 1〜50章 → 出エジプト記 1〜40章 → レビ記 1〜27章 →
　民数記 1〜36章 → 詩篇90篇 → 申命記 1〜34章

　一息ついたら、ヨシュア記、士師記、ルツ記に進みましょう。
　ヨシュア記からネヘミヤ記には、期間にしておよそ1,000年の歴史がつづられています。おもにカナンの地での生活、イスラエル王国の確立と繁栄、分裂と衰退、滅亡と復興の歴史を物語っています。
　カナンの地での戦いと土地の分配の記録であるヨシュア記と、その後のカナン地での生活を記した士師記、ルツ記を読みます。

　創世記には、神がアブラハムにカナンの地と子孫の繁栄を約束し、その約束がイサクとヤコブに受け継がれる経緯が記されていました。出エ

ジプト記から申命記までは、ヤコブの 12 人の息子たちとその子孫が約
束の地カナンへ導かれる様子が描かれていました。

　その後に続くヨシュア記、士師記、ルツ記には、次世代のイスラエル
人がカナンに入り、その地に暮らす先住民と戦い、彼らに勝利してその
地に定住するようになった経緯と、その後のカナンの地での生活が記録
されています。

　イスラエル人から見たカナン人は、大きくて背が高かったようです。
カナン人の町々は大きく、それを囲む城壁は天高くそびえていました。
さらに、彼らは鉄の戦車を有していましたから、イスラエル人からすれ
ばとてもかなわない相手でした。それにもかかわらずカナンの地に攻め
入り、町々を占領しなければならなかった理由は、創造主なる神がその
地をイスラエル人に相続地として与えると約束されたからです。それゆ
えに、神はイスラエル人の先頭に立って、この戦いを勝利へ導くと言わ
れます。

　ヨシュア記は、ヨシュアがモーセの後継者としてイスラエル人をカナ
ンの地へ導き入れる旅路を物語っています。**ヨシュア記の前半部（1 ～
12 章）**には 5 年に及ぶカナン人との戦いが記されています。カナンの
地における戦いは、神が先頭に立って戦われる神の戦いでした。そのた
め、イスラエル人が神の導きに従うときには勝利を収め、聞き従わない
ときには大敗を喫します。

　後半部（13 ～ 24 章）に進むと、カナンの地の分配に関する内容が出
てきます。聞き慣れない地名が続き、少々退屈に感じられるかもしれま
せん。細かいことは気にせず、どんどん読み進めましょう。これらの記
述は、カナンの地を与えるという神の約束が実現したことを示していま
す。

　続く**士師記**と**ルツ記**は、イスラエル人がカナンの地に移り住んだ後の

記録です。この時代、イスラエル人は神の掟とおしえを忘れ、主の道から外れます。時代が進むにつれてイスラエル人は先祖たちよりもいっそう堕落し、偶像を拝むようになりました。ひとたびイスラエル人が神から遠のくと、神はカナンの地に入る前に忠告したとおり、周辺民族を動員してイスラエル人を攻撃させ、苦しめます。その後、イスラエル人が不信仰を悔い改めて神に立ち返ると、神はさばきつかさを起こしてイスラエル人を救われました。ところが、さばきつかさが死ぬと、再びイスラエル人は神を捨て、異邦人の習わしをまねるようになります。

　このように士師記には、イスラエル人が神から離れると周辺民族から攻められ、神に立ち返ると救い出されるというパターンが繰り返されます。また、12人のさばきつかさのうち、デボラ、ギデオン、エフタ、サムソンの4人により多くの紙面を割いています。

　一見すると、罪を犯したイスラエル人を神が罰しているように見えるかもしれません。しかし、神はシナイ山でイスラエル人と締結した契約に基づいてそうされました。神はイスラエル人が掟と定めに聞き従うと祝福し、破ると災いを下しただけでした。何もそのときの感情や気分によってイスラエル人を戒めたのではなく、彼らと結んだ契約に準じてそのようにしたのです。

　さばきつかさがいた時代に、異邦人の中から神の民に加えられたルツの人生をつづっているのがルツ記です。イスラエル人が神の契約を破り、神の掟と定めに対して不誠実であった一方で、異邦人ルツは神のおしえを誠実に行おうとします。神の民とされたイスラエル人が神を捨て、偶像に仕えていた時代にも、神は彼らと結んだ契約を忘れず、誠実な異邦人ルツを通して救いの計画を推し進められました。このように、創造主なる神はイスラエル人に約束したことを一つもたがえず、誠実に果たそうとしておられました。

📖 **読む順番**

ヨシュア記 1〜24章 → 士師記 1〜21章 → ルツ記 1〜4章

これで旧約時代の前期に当たる書物を読み終えました。続いて旧約時代の後期に当たる書物を読みましょう。

2．旧約時代の後期 （サムエル記〜マラキ書）

旧約聖書の後半部は、ダビデという人物を中心に神の救いの計画が進展します。イスラエル王国の1代目の王にサウルが任命されてから、イスラエル王国が南北に分裂し、南王国が新バビロニア帝国に占領されるまでの約400年の歴史に当たります。この時代にダビデが鍵を握るのは、後にダビデの家系から救い主イエスがお生まれになるからです。

● 大まかな流れ

多くのクリスチャンがサムエル記以降の歴史を整理できず、こんがらがっているのを目にします。そこで、まずは旧約時代の後期を簡単に整理し、大まかな輪郭を描けるようにしましょう。**旧約時代の後半は、大きく三つに分けることができます**（25頁の表を参照）。

一つ目は、イスラエル王国の確立を物語るサムエル記です。サウルが初代の王に任命されますが、彼は神の掟とおしえに背いたために王座を剥奪されます。二代目の王ダビデの時代に王国が確立します。

二つ目は、イスラエル王国の繁栄と衰退です。列王記と歴代誌がその歴史を語っています。ダビデの子ソロモン王の時代にイスラエル王国は栄華を極めますが、その後、南北に分裂し、衰退します。

三つ目は、イスラエル王国の再建を記録しているエズラ記、ネヘミヤ記です。イスラエル王国が南北に分裂すると、南王国ユダは新バビロニ

ア帝国に征服され、人々は強制的にバビロニア地方へ連れて行かれます。新バビロニアが滅び、故郷への帰還が許されると、ユダヤ人はエルサレムに帰還し、神の宮（神殿）の再建に着手します。

● 細かい流れと通読の順序

旧約時代の後期の幕明けです。

サムエル記第一・第二、列王記第一・第二、歴代誌第一・第二、エズラ記、ネヘミヤ記、エステル記、そのほか箴言、伝道者の書、雅歌、預言書がこの時代の出来事を記録しています。これらの書物には、イスラエル王国の確立と分裂、また滅亡と再建に関する歴史が書き記されています。

この時代に歴史の表舞台に登場するのがダビデです。神の救いの計画は、ユダの家系に生まれたダビデという人物を中心に進展していきます。そのため、神がダビデに約束された事柄（Ⅱサムエル7:8〜16）を念頭に置き、神の救いの計画がどのように実現するかに注目しながら読み進めましょう。

ここからは、同時代の出来事を、複数の書巻を行き来しながら読み進めていきます。時代の流れに合わせて聖書を読むことで、旧約聖書の歴史をたどることができます。

手っ取り早く聖書の歴史を整理したい人は、「詩歌書」（ヨブ記〜雅歌）と「預言書」（イザヤ書〜マラキ書）に該当する22巻の書物を飛ばし、新約聖書に進んでください。なお、歴代誌は、サムエル記、列王記と重なる内容が多いため、歴史の流れだけをつかもうとするなら歴代誌を飛ばし、エズラ記にお進みください。

　それでは、**旧約時代の後期に当たる書物を通読しましょう。サムエル記第一と歴代誌第一の前半部、詩篇の一部を読みます。**

　サムエル記はおもにダビデがイスラエル王国の王に即位するまでの経緯と、彼の統治に焦点を当てています。ダビデがどのようにして王になったか、またイスラエルの王としてどのように国を治めたかに注目しながら読み進めましょう。

　サムエル記第一の前半部（1〜8章）には最後のさばきつかさサムエルの働きが、**後半部（9〜31章）**にはイスラエル王国の1代目サウル王と2代目ダビデ王の治世に関する歴史が記録されています。それから、同じ時代の出来事を記録した**歴代誌第一の前半部（1〜10章）**に進みます。また、並行してダビデによる**詩**を読むようにします（48頁の「読む順番」を参照）。

　続いて、サムエル記第二と歴代誌第一の後半部、列王記第一の冒頭を読み、さらに詩篇を読みます。

　サムエル記第二（1〜24章）を読み終えたら、**歴代誌第一の後半部（11〜29章）**に進んでください。**それから列王記第一の1章に移り、2章まで**を読みます。これらの書物には、ダビデの治世に関する記録が記されています。特にサムエル記第二7章を読むときには、神がダビデに約束された神の契約に注目しましょう。神はダビデに「**あなたの家とあなたの王国は、あなたの前にとこしえまでも確かなものとなり、あなたの王座はとこしえまでも堅く立つ**」（Ⅱサムエル7：16）と約束されます。この約束に基づいてダビデの家系からイエス・キリストがお生まれになります。

　それから同じ時代に書かれた**詩篇の一部**（48項の「読む順番」を参照）と、詩の内容から時代の特定が難しい詩をあいだあいだに読みます。

POINT ▶▶ 列王記と歴代誌の読み方

　列王記と歴代誌には、イスラエル王国が南北に分裂した後の歴史が記されています。多くの内容が重複していたり、話の展開が交差していたりして、なかなか整理しづらい書物です。そこで、列王記と歴代誌の読み方について、大まかなポイントを押さえておきましょう。

　列王記は、新バビロニア帝国に国を滅ぼされた時代のユダヤ人に語られたもので、ダビデの死から始まり、イスラエル王国の分裂、北王国イスラエルの滅亡、南王国ユダの滅亡、南王国のエホヤキン王が牢獄から釈放されるまでの約400年の歴史（前970年頃〜前561年頃）を語っています。

　列王記第一に登場するダビデの子ソロモンは、神から賜わった知恵によって神の道に歩み、神の目にかなう方法でイスラエル王国を治めようとします。王に即位するや否や、神の宮の建設という一大事業に取りかかり、7年の歳月をかけて宮を完成させます。

　常に神の目にかなうことを行おうとしたソロモンでしたが、晩年には異国の偶像を拝み、神の前に悪を行います。その結果、イスラエル王国は二つに引き裂かれてしまいました。分裂後の南部のユダ部族とベニヤミン部族から成る国を「南王国ユダ」、北の10の部族から成る国を「北王国イスラエル」といいます。

　列王記には、北王国と南王国の歴代の王の業績が交互に記録されていますが、北と南とでは年の数え方が違ったり、同じ名前の王が別の時代に登場したりして、ややこしく感じられるかもしれません。細かいことはあまり気にせず、ササっと読み進めてしまいましょう。

　列王記を記録した聖書記者は、歴代の王たちの業績を通して「どうして国が分裂したのか」、また「どうして国が滅びたのか」を述べています。ほかにも、列王記は北王国と南王国の栄枯盛衰が王の信仰によって大きく左右されることを強調しています。

　王は、民が神の契約に従って心から神に仕えるよう国を治めなければ

なりませんでした。ところが列王記に登場する王の多くは、そのように国の政策を取り決めるどころか、民に偶像を崇拝するように仕向けます。列王記は、「ヤロブアムの道に歩んだ」、もしくは「アハブの道に歩んだ」というフレーズを繰り返しながら、王たちが神のおしえに従わず、神の目に悪となることを行った点を強く非難しています。そうして神に背くイスラエルの末路を伝えようとしています。

　一方で**歴代誌は、バビロン捕囚から帰還した時代のユダヤ人に語られたもの**です。歴代誌第一の冒頭（1〜8章）に載っているイスラエルの系図を除くと、歴代誌第一はおもにダビデの治世について語っており、サムエル記とかなり似通った内容を述べています。続く歴代誌第二は、ソロモンの治世から始まり、南王国ユダの滅亡に至るまでの歴史を語っていますが、これもまた列王記の記述に酷似しています。

　南北の王たちの功績が交互に記録されている列王記とは違い、歴代誌はほぼ南王国の王たちの功績に焦点を当てています。北王国が登場するのは、南王国の王と何かしら関係しているときだけです。その他にも、ダビデやソロモンの不信の罪に関する記述がほとんどありません。その理由は、バビロン捕囚から帰還したユダヤ人の状況に合わせて神のことばを伝えようとしたからです。

　当時の南王国の人々は神に対する不信の罪のゆえにバビロニアにとらわれていましたが、70年の捕囚を経てエルサレムに帰還します。そして、エルサレムに戻ってきたユダヤ人たちは、神の宮を再建しようとします。ところが、エルサレム近郊に住み着いた他民族の妨害にあい、修復作業を中断せざるを得ませんでした。そこで神は預言者たちを通して、神の宮の再建を諦めかけていた人々に神の宮の重要性を説き、バビロニアから戻ってきたユダヤ人にとって神との関係の修復が最も優先すべき重要な課題であることを思い起こさせようとしました。

　このような理由から、歴代誌には罪を犯して神のさばきを受けたとい

う記述よりも、神の恵みによって祝福されたという内容が多く出てきます。イスラエルの歴史において神との関係が良好な状態にあるときには、神から祝福と安息が与えられていたからです。そして、荒廃したエルサレムの町を再建することによって、神への信仰を回復しようとしたのです。このように、歴代誌が列王記の内容と若干異なるのは、他民族から苦しめられているユダヤ人を励まそうとしたからです。

POINT ▶▶ 神がダビデと結んだ契約

旧約時代の後期は、ダビデという人物を中心に神の救いの計画が進展します。

神はダビデと契約を結び、彼と彼の子孫が代々イスラエル王国を治めることを約束します。そうして、後にダビデの家系から救い主イエスがお生まれになります。

神がダビデとその子孫たちと契約を結んだのは、ダビデがそうするのにふさわしい人物だったからではありませんでした。ダビデもほかの王たちのように、神の命令に背き、罪を犯します。

神の命令に従わなかった初代サウルは王座を剝奪されますが、どういうわけか、ダビデとその子ソロモンの二人は、罪を犯したにもかかわらず王座から退けられませんでした。神がサウルに悔い改めを迫ることはありませんでしたが、ダビデとソロモンには罪を悔い改めるようにと告げられます。そして、悔い改める二人の罪をお赦しになりました。

ダビデとソロモンは、神の前に悪を行ったにもかかわらず王位を剝奪されなかったのですが、罪の中身や程度からすると、サウルよりも重い罪を犯したように見えます。それなのに、どうして神はダビデとソロモンを退けなかったのでしょうか。また、なぜ彼の子孫に王位を継承させたのでしょうか。その理由は神がダビデと結んだ契約にあります。

ダビデはイスラエルの王に就任したとき、神に主の宮の建設を願いました。すると、神はダビデの子孫に王位を継がせると約束されます。ま

た、ダビデの家に生まれる一人の子の王座をとこしえまで堅く立たせると告げられます。注目すべきはダビデの子孫が不義を行ったとき、彼らを懲らしめるものの、神の恵みを取り去ることはない、と約束された点です（Ⅱサムエル7：8〜16）。この約束があったからこそ、ダビデとその子孫は、罪を犯しても王座から退けられることがありませんでした。

　では、どうして神はダビデに格別な恵みをお与えになったのでしょうか。彼が主の宮の建設を願ったからでしょうか。その理由が創世記に書かれています。創世記49章を見ると、ヤコブが子どもたちを祝福する場面があります。10節に「**王権はユダを離れず、王笏はその足の間を離れない。ついには彼（イエス・キリスト）がシロに来て、諸国の民は彼に従う**」と記されています（括弧内筆者）。これは、ヤコブの四男ユダに語られた祝福です。つまり、ダビデの生まれるはるか昔から、神がユダ部族の中からイスラエル王国を永遠に治める王を立てる計画をもっておられたことを示唆しているのです。

　神はダビデを、王の素質があったからイスラエルの王に選んだわけではありませんでした。また、ダビデを特別扱いしたわけでもありませんでした。むしろ、ダビデをイスラエルの王とするために、ダビデに油を注いだ後から彼の信仰を鍛錬されます。イスラエルの王にふさわしく、神に頼る者となるために過酷な試練にあわせます。ダビデがサウルに命を狙われ、敵国に身を潜めていたときでさえ、神の権威を第一にすることをとことん教え込みます。神がそうされたのは、ユダに対する祝福のことばのゆえでした。

　神がソロモンとその子らを王座から退けず、そのままイスラエルの王とされたのも、ユダとダビデに約束された神の契約に免じてのことでした。そして、このダビデの家系から全世界を永遠に統治する王としてイエス・キリストがお生まれになります。このように、南王国ユダが新バビロニア帝国に占領された後に故郷への帰還が許可されたのも、すべて神の契約に基づいています。

📖 読む順番

　ここまで読み終えたら、**列王記第一3章から8章**と、ソロモン王による歌である**詩篇72篇、127篇**を読みます。続いて、**列王記第一9章から10章**を読み、**歴代誌第二の前半部（1〜9章）**に進みます。

　列王記第一3章から10章には、ソロモン王によるイスラエル王国の統治初期の様子が記されています。ソロモン王は神から授かった知恵をもって、王に訴え出る国民のいざこざを神の掟とおしえに従ってさばきました。

　また、国家政策にかかわる官僚を任命します。そのほかにも、イスラエル全土に12人の知事を置き、それぞれの地区を管理させます。そうしてイスラエル王国は繁栄し、人口は砂のように多くなり、平穏な時代を迎えました。

　それから神の宮を建設します。建設に取りかかったのは、イスラエル人がエジプトを出てから480年目のことでした。神の宮が完成すると、ソロモンはイスラエルの長老たち、各部族のかしらたち、一族の長たちとともに、シオンにあった契約の箱（神の箱）を神の宮に運び入れます。

　それまで契約の箱は、エルサレムの南端に位置するダビデの町シオンに安置されていました。神の宮が完成すると、ソロモン王によってエルサレムの北側に建てられた神の宮に移されます。そうして神の宮の奉献式が執り行われました。

　その次に読む**歴代誌第二の前半部（1〜9章）**には、ソロモン王によ

る治世が記されています。そこには、神から知恵を授かったソロモン王がどのようにしてイスラエル王国を治めたかが述べられています。

　歴代誌第二の前半部の次は、ソロモン王が書いた**箴言**と**雅歌**を読みます。それから**列王記第一 11 章**に戻ります。そして、最後に**伝道者の書**を読みます。

　箴言、伝道者の書、雅歌は、ソロモン王による知恵の書とも呼ばれ、神と信仰に関する知恵が書き留められています。人生の意味、苦しみ、知恵、愛や喜び、礼拝や賛美などに関する知恵に触れることができます。

　ここで時代は変わりますが、同じカテゴリーに分類されるヨブ記を読みます。

　ヨブはアブラハムの時代に生きていた人物だといわれています。それなのにここでヨブ記を読む理由は、人生の意味や真の知恵について教えている箴言や伝道者の書と一緒に読んだほうが、知恵文学に分類されるヨブ記をより深く味わえるからです。

📖 読む順番

列王記第一 3〜8章 → 詩篇の一部（72、127篇）→ 列王記第一 9〜10章 → 歴代誌第二 1〜9章 → 箴言 1〜31章 → 雅歌 1〜8章 → 列王記第一 11章 → 伝道者の書 1〜12章 → ヨブ記 1〜42章

　イスラエル王国が南北に分裂すると、神は「預言者」と呼ばれる人々を通して神のみこころを告げ知らせます。

　神のことばを告げた預言者たちは未来を先読みする占い師などではなく、創造主なる神のみこころを伝えるメッセンジャーでした。彼らは神に遣わされて北王国イスラエルや南王国ユダ、さらには異国にも神のことばを告げます。

　預言者がいつ、どこで神のことばを語ったかを念頭に置いて預言書を読めば、預言者たちがどうして神に悔い改めるようにと呼びかけたかが理解できます。ですから、まずは旧約の歴史の輪郭を描けるよう、歴史書を重点的に読み込むようにしてください。

まず、列王記第一の後半部（12 ～ 22 章）と歴代誌第二の後半部（10 ～ 25 章）を読みます。

　列王記第一の後半部（12 ～ 22 章）と歴代誌第二の後半部（10 ～ 25 章）は、イスラエル王国において大きな転機となる事柄を述べています。ソロモンの子レハブアムに反旗を翻し、北王国を建てたヤロブアムと、そのほかの王たちによる統治の様子が記されています。イスラエル王国が二つに分裂する経緯に注目しながら読み進めていきましょう。

POINT ▶▶ イスラエル王国の分裂

　神がソロモンに告げたとおり、ソロモンの子レハブアム（南王国1代目）の時代に、イスラエル王国は南北に分裂します。南部のユダ部族とベニヤミン部族から成る南王国ユダをソロモンの子レハブアムが、北の10の部族から成る北王国イスラエルをソロモンの家来ヤロブアム（北王国1代目）が治めるようになります。

　イスラエル王国が南北に分裂した後、その首都エルサレムは南王国ユ

ダに属しました。エルサレムはイスラエル人にとって政治の中枢であり、信仰の聖地でした。神の宮があり、そこで神へのいけにえがささげられていたからです。

　神の律法には、年に3度、主の例祭を行うことが定められていました。ヤロブアムは、祭りのたびに北王国に暮らす人々が南王国にあるエルサレムに行っていては、いずれ北王国の人々も南王国になびくだろうと案じました。そこで金の子牛を二つ造り、その一つをベテルに据え、もう一つをダンに安置します。そうしてエルサレムに代わる信仰の巡礼地をベテルとダンに設けます。しかし、偶像を造ることは神がモーセを通して語られた十戒に背く行為でした。これを機に、イスラエル人は一段と神の前に悪を行うようになり、異邦人の習わしをまねて偶像の神々に仕えるようになります。

　さらにヤロブアムは、レビ人でない一般の民の中から祭司を任命します。これはレビ記に記されている神の掟に反することでした。また神の律法にない祭りを新たにつくり、その祭りの日にベテルにある祭壇でいけにえをささげ、香をたくようにします。このような政策によってヤロブアムは北王国の政権を保とうとしました。しかしながら、このことは神に罪と見なされてしまいます。

　こうして北王国イスラエルは神の前に悪（偶像崇拝）を重ね、その結果、王への謀反が続いて王朝が頻繁に入れ変わることになります。その一方で、南王国ユダは、神がダビデに約束されたとおり、代々ダビデの子孫が国を治めていきます。

POINT ▶▶ 偶像崇拝
　イスラエル王国の分裂後、北王国と南王国の間にはいつも戦いがありました。北王国はますます神の目に悪であることを行う一方で、南王国は神の掟とおしえを守ろうとする数人の王たちのおかげで、かろうじて神のおしえを受け継いでいきます。

　北王国７代目アハブの時代に、イスラエル人はますます偶像崇拝に心を奪われていきます。彼は北王国イスラエルの歴代の王の中でもほかに類を見ないほど悪名高い王でした。

　アハブは父オムリ（北王国６代目）の代から続いた政策を引き継ぎ、首都サマリアを建設します。また、シドン人の王の娘イゼベルと結婚し、周辺諸国と同盟を結び、国を大国に発展させました。その政策によって北王国の国際的な地位が上昇した一方で、天地を創造したイスラエルの神への信仰は降下しました。アハブの妻イゼベルは、バアルという偶像を持ち込み、首都サマリアにバアルを祀る神殿を建てます。さらに、多くの主のしもべたち（預言者）の血を流します。こうして国の指導者たちが神のことばを告げる預言者たちを迫害するにつれて、偶像崇拝の罪が蔓延していきました。

　それまで北王国と南王国の間には争いがあったおかげで、南王国は北王国の影響を受けることなく、神の目にかなったことを行う王たちによって神の掟とおしえを守り続けることができました。ところが、アハブと同じ時代に南王国の王に即位したヨシャファテ（南王国４代目）は、北王国と同盟を結びます。ひとたび同盟が結ばれると、ヨシャファテは息子の妻にアハブの娘を迎え入れ、南王国は北王国に感化されてバアルを崇拝するようになります。そうして南王国も神の掟とおしえを捨て、神の前に悪を行うようになりました。

　本来なら神は、契約を破って悪を行う王を罰するのですが、南王国に対してはダビデと結んだ契約に免じてダビデの家を滅ぼさず、王位を継承させる子を起こし、国を存続させられました。

　このように罪に覆われた邪悪な時代に、神は北王国イスラエルに預言者エリヤを遣わします。エリヤが神のことばを告げた時代は、北王国の至るところで偶像崇拝が公然と行われていました。そのようなときに、預言者エリヤがアハブの前に現れて「主は生きておられる」と公言します。そして、従うべきはバアルの神々ではなく、生きておられるイスラ

エルの神であると警告します。

　預言者たちは民に神のことばを告げただけでなく、常識では考えられない不思議なしるし（奇跡）を行います。特に列王記第一17章以降には、預言者エリヤとエリシャによる不思議なしるしが多く出てきます。神は預言者のことばと不思議なしるしを通して、ご自分が生きていることを示そうとしました。ところが北王国の王たちは、神のことばに耳を傾けるどころか、耳障りなことを言う預言者たちを打ち殺し、神の前に罪を重ねます。

POINT ▶▶ 王たちの功績

　イスラエル王国が分裂する前に、神は預言者アヒヤを通してソロモンの家来ヤロブアムにイスラエルの全部族の中から10の部族を与えると告げます。そのとき、神はヤロブアムに、ダビデが行ったように神の掟と命令を守って神の目にかなうことを行うなら、神がヤロブアムとともにいる、と約束されました。

　神は国を治める王たちに対して、神の掟と命令を守り行うことを何よりも願っておられました。これは北王国に限らず、南王国にも同じように告げられたことでした。南北両国の王たちは、神の掟と命令に従って国を治めなければなりませんでした。

　このことを念頭に置き、イスラエル王国の分裂後に神が北と南の王たちの統治をどのようにご覧になったかに注目します。列王記には王の功績を述べる箇所が多々ありますが、二つの基準で王の業績を評価しています。一つは「ダビデのように」であり、もう一つは「ヤロブアムのように」です。

　北王国イスラエルは1代目ヤロブアムから始まり、19代目ホセアに至るまで、終始一貫して神の目に悪であることを行います。ここでいう「悪」とは、ヤロブアムによってもたらされた偶像崇拝を指します。ヤロブアムはイスラエルを神に従わないように仕向け、神の目に悪である

ことを行わせます。さらにアハブとその妻イゼベルによるバアル崇拝が堕落の大きな引き金となって、北王国に破滅をもたらします。残念ながら、北王国にはダビデのように神の目にかなうことを行う王は一人もいませんでした。すべての王がヤロブアムのように、神の掟と命令をないがしろにし、偶像を崇拝します。

　その一方で、南王国ユダは20人の王のうち7人が、ダビデのように主の掟と命令に従って歩み、神の目にかなうことを行います。「ダビデのように」とは、事あるごとに王が神に「尋ね求める」ことを意味します。神の目にかなった王たちは、イスラエルを治める真の王が神であることを忘れず、国の政策や問題の解決を取り決める前に、まずは神に尋ね求めます。それこそが、ダビデのように神の目にかなうことでした。

　なかでも、列王記は信仰の復興と改革を推進したヨシヤ（南王国16代目）を、神の掟と命令に従って歩んだ王として高く評価しています。ヨシヤのようにモーセのすべての律法に従って、心のすべて、たましいのすべて、力のすべてをもって主に立ち返った王は、彼の先にも後にもいませんでした。

　興味深いことに、いくら王が国の発展に大きく貢献しようとも、神に尋ねることなく周辺国家と同盟を結ぶと、神の目に悪であることを行ったと非難されます。その一方で、ダビデのように神の掟と命令を守ろうとする王は、主の目にかなうことを行ったという評価を得ます。このように、神はダビデと結んだ契約に基づいて王たちの業績を評価している点に注目して、列王記と歴代誌を読み進めてみてください。

📖 読む順番

　列王記第一 12〜22章 → 歴代誌第二 10〜25章

　　ここまで歴史書のヨシュア記から列王記第一までを聖書の歴史に沿って読んできました。ここからは歴史書（歴代誌〜エステル記）と預言書（イザヤ書〜マラキ書）を交互に読みます。旧約聖書の中でも入り組んだ迷路のようなところであり、多くの人が最も苦戦し挫折するところです。

　　聖書を通読していると、途中で投げ出したくなる山場がいくつもありますが、預言書がその最後の関門だといえます。ただ、見方を変えれば旧約の完読が目前に迫っているともいえます。あともう少しで頂上が見えるところまで来ました。ですから、聖書通読を始めた頃の意気込みを思い出し、ぜひ、最後まで突き進んでください。

　聖書を通読していると、預言書から苦戦を強いられます。預言者たちが書き記したみことばの意味がうまく読み取れないからです。

　聖書の目次に従って旧約聖書を読むと、歴史書と預言書を別々に読むことになります。そうすると、預言者たちがどうして悔い改めるようにと呼びかけるのか、その理由がわかりません。また、神のおしえに逆らうイスラエル人や異邦人に向けて、その罪を悔い改め、神に立ち返ることを教えているため、読んでいるとどうしても気持ちが重くなってしまいます。

　そこで、ここまで諦めなかったあなたに預言書を通読するためのポイントを一つお伝えしましょう。

　預言書に記されている預言を正しく読み解くには綿密な聖書研究を必要としますが、預言書が伝えようとしている主旨は意外にも容易に読み取ることができます。どの預言書も神の恵み豊かさを物語っています。

　預言書には預言者たちがイスラエル人の罪を批判し、神に立ち返るようにと呼びかける場面が多々出てきます。それだけだと、あたかも預言

者たちが違法を取り締まる警察や検察のように見えるかもしれません。しかし、彼らは神のみこころのうちにある思いを知らせようとしただけでした。罪に陥ったイスラエル人を見て、嘆き悲しむ神の思いを伝えようとしたのです。だからこそ、預言書には神への不信と不義の罪を悔い改め、神に立ち返ることが繰り返し出てきます。

　注目すべきは、罪を捨て、悔い改めれば祝福と安息が与えられるという希望に満ちたメッセージがつづられている点です。その希望とは、救い主を遣わすという神の約束です。これこそが、預言者たちが伝えようとした神のみこころでした。

　ほかにも注目すべきことがあります。それは預言が旧約聖書の4分の1を占めているという点です。つまり旧約聖書は、後に来られる救い主について、それだけ多くのことを伝えようとしているということです。ただ、本書は聖書の歴史を網羅することに主眼を置いているため、預言者たちが記録した書物に関しては読む順番だけを紹介し、細かな解説を省いています。通読していて気になることがあれば、聖書に詳しい人に聞いてみてください。

　列王記第二の前半部（1～14章）を読みます。また、この時代に活動した預言者たちの記録であるアモス書、ホセア書、ヨナ書を読みます。
　列王記第二の前半部には、預言者エリシャの活動をはじめ、北王国7代目アハブの死後、王座についた彼の子孫（アハブ→アハズヤ→ヨラム）と、エフーの子孫（エフー→エホアハズ→ヨアシュ→ヤロブアム2世→ゼカリヤ）の治世について、また同じ時代に南王国を治めたダビデの家系の王たちの統治（ヨシャファテ〔南王国4代目〕～アザルヤ〔別名ウジヤ。南王国10代目〕）が記されています。この時代、預言者エリヤの後を継いだエリシャが北王国を中心に神のことばを告げます。

　ヨシャファテ以降、南王国ユダは北王国イスラエルと友好関係を深めました。南北の同盟によって南王国にも偶像崇拝が広まり、両国ともに

いっそう神の前に堕落していくなか、北王国10代目のエフーによって
アハブの家が滅び、北と南の両国からバアルの偶像が取り除かれます。
そして、アマツヤ（南王国8代目）とヨアシュ（北王国12代目）の治世に、
南北は再び戦いを交えることになります。

　時が過ぎ、エフーのひ孫ヤロブアム2世（北王国13代目）の時代に、
神はアモスとホセアを北王国イスラエルに遣わします（**アモス書、ホセ
ア書**）。二人とも北王国で神のことばを語った預言者でした。そのほか
にも、神はヨナをアッシリア帝国の首都ニネベに遣わし、もうじき神の
災いが下るということをニネベの人々に告げ知らせます（**ヨナ書**）。

POINT ▶▶ 信仰の革命

　エリヤとエリシャが神のことばを語り告げていた時代は、偶像崇拝が
国中に蔓延していました。ヨシャファテ（南王国4代目）が北王国と同盟
を結んで以来、両国ともに主の前に悪を行って罪を重ねていました。そ
うしたなか、エフー（北王国10代目）によって新たな局面を迎えます。

　神は預言者エリシャを通してエフーに油を注ぎ、アハブの家の者を打
ち殺さなければならないと告げます。これは、それまでアハブ（北王国
7代目）とその妻イゼベルによって流されたすべての主のしもべたち（預
言者）の血の復讐を果たすためでした。長らく偶像崇拝にむしばまれて
いた両王国に信仰の回復の兆しが現れます。

　北王国イスラエルでは、エフーが神の前に悪を行うアハブの家の者た
ちを次々と打ち殺します。エフーはバアルの預言者や、その信者、およ
びその祭司たちまでも滅ぼします。こうして北王国からバアルの神殿と
バアルを信奉する者たちが取り除かれました。

　エフーは、さらに南王国にも足を延ばしてアハズヤ（南王国6代目）を
討ち取ります。アハズヤが死ぬと、アハズヤの母アタルヤ（アハブの娘）
が王座につき、彼女の地位を脅かし得るダビデの一族を根絶やしにしよ
うとします。ところが、神はダビデの子孫に当たるヨアシュをアタルヤ

から隠し、彼が王位を受け継ぐまで主の宮にかくまいます。そうして神
は、代々ダビデの子孫に王権を受け継がせるという契約を誠実に守られ
ました。

ヨアシュが身を隠していた6年間は、アタルヤが南王国を治めました。
しかし、ヨアシュ（南王国8代目）が7歳になったとき、彼の後見人であ
った祭司エホヤダによってアタルヤは捕らえられ、処刑されます。その
後、ヨアシュによってバアルの神殿が打ち壊され、神の宮の修復が行わ
れます。こうして南王国からもバアルの像とバアルを祀る神殿が打ち壊
され、わずかの間、偶像崇拝が絶たれました。

このように、アハブの家を打ち、神のみこころにかなったことを行っ
たエフーでしたが、残念ながら彼もまた心を尽くして神に仕えようとは
せず、結局のところイスラエルに罪を犯させた「ヤロブアムの罪」から
離れませんでした。彼の子孫の4代目（ゼカリヤ。北王国14代目）までが
イスラエルを治め、その後、別の王朝が北王国を治めることになります。

📖 読む順番

列王記第二 1〜14章 → アモス書 1〜9章 → ホセア書 1〜14章 →
ヨナ書 1〜4章

続いて、**列王記第二の後半部（15〜20章）と歴代誌第二の後半部
（26〜32章）を読みます。**ここでも南北の王国の歴史に関する書物と、
この時代に活動した預言者イザヤとミカが書いた**イザヤ書（1〜66章）
とミカ書（1〜7章）**を交互に読みます。イザヤとミカは、主に南王国
ユダで神のことばを語った預言者です。

POINT ▶▶ 分裂王国時代の末期

列王記第二15章以降は、分裂王国時代の末期（前800〜600年頃）に

関する記録です。北と南の両国が没落していく様子が記されています。この時代、北王国では5人の王（シャルム→メナヘム→ペカフヤ→ペカ→ホセア）が王座につきますが、王宮内の権力闘争や隣国からの侵略によって衰退の一途をたどります。

　エフーの子孫の4代目ゼカリヤの治世に、シャルム（北王国15代目）が謀反を企て、ゼカリヤを打ち殺し、王位につきます。しかし、シャルムもまたメナヘムの謀反によって命を落とします。

　メナヘム（北王国16代目）の時代に、アッシリア帝国の王プルが首都サマリアに攻め入ってきましたが、メナヘムはプルに貢ぎ物を納め、危機を免れました。

　その後、メナヘムの子ペカフヤ（北王国17代目）が代わって王となります。しかし、ほどなくして彼は侍従ペカによってサマリアの王宮の高殿で打ち殺されます。そして、ペカが王位につきます。

　ペカ（北王国18代目）の治世に、アッシリアの王ティグラト・ピレセルが来て、北王国の町々を占領し、その地に暮らす人々をアッシリアへ捕らえ移します（前732年頃）。そのときの混乱に乗じてホセアが謀反を企て、ペカを打ち殺し、王座につきます。

　ホセア（北王国19代目）の時代に、北王国はアッシリアに攻め取られ、ついに200年の歴史に幕を下ろします。こうなったのは、イスラエルが神に対して罪を犯し、偶像に仕え、異邦人の風習に従って歩んだからでした。

　一方、南王国は、アッシリアが北王国の首都サマリアを包囲していた頃、アハズ（南王国12代目）が治めていました。アハズの子ヒゼキヤ（南王国13代目）が王位につくと、ユダから偶像を取り除き、主の目にかなうことを行います。そしてアッシリアの王に反逆し、奪われた領土を取り戻していきます。

　アッシリアは北王国の首都サマリアを占拠した後、南王国への侵略を

開始します。ヒゼキヤが神に助けを求めると、神は御使いを遣わし、アッシリアの陣営に攻め入り、18万5千人の大軍を打ち倒します。そうしてアッシリアの手からエルサレムを救い出されました。ヒゼキヤは神に信頼することによって敵国の脅威から逃れることができました。

　ヒゼキヤが病にかかって死にかけると、そのことを聞きつけた新バビロニアの王が使者を遣わしてヒゼキヤに手紙と贈り物を渡します。すると、ヒゼキヤはその使者たちに、宝物蔵にあるすべての物を見せびらかします。このとき、預言者イザヤはヒゼキヤに、いずれ宝物蔵にあるすべての物はバビロンに運び去られ、また、王の子どもたちも捕らえられてバビロンの王の宮殿で宦官となる、と神のことばを告げます。そして神のことばどおり、北王国の首都サマリアが陥落してから約150年後に、南王国ユダの首都エルサレムは新バビロニアに占領されることになります。

📖 **読む順番**　※巻末の「年間通読表」は、年代順に読めるよう、より細かく分けられています

　列王記第二 15〜20章 → 歴代誌第二 26〜32章 → イザヤ書 1〜66章 → ミカ書 1〜7章

　次に、列王記第二21章から23章と歴代誌第二33章から35章を読み、並行してゼパニヤ書、ナホム書、ハバクク書を読みます。それから年代の特定が難しいヨエル書もここで一緒に読んでしまいます。これで小預言書（ホセア書〜マラキ書）の大半を読み終えたことになります。
　列王記第二21章以降は、北王国イスラエルの滅亡後、南王国ユダが新バビロニア帝国に占領されるまでの経緯を述べています（前700〜586年頃）。この時代、7人の王（マナセ→アモン→ヨシヤ→エホアハズ→エホヤキム→エホヤキン→ゼデキヤ）が南王国を治めます。

　ヒゼキヤの子マナセ（南王国14代目）は父ヒゼキヤが打ち壊したバアルの祭壇を築き直し、偶像を拝みます。マナセはユダの人々に罪を犯させて、神の目に悪であることを行わせただけでなく、多くの無実の者を殺害します。この罪のゆえに、神は南王国ユダを赦そうとはせず、新バビロニアの王ネブカドネツァルの手に渡されます。

　マナセの子アモン（南王国15代目）は、父マナセが行ったように、神の前に悪を行います。2代にわたって神の掟とおしえに聞き従わず、神がイスラエル人の前で根絶やしにされた異邦人よりもさらに悪いことを行いました。

　国中に偶像崇拝がはびこるなか、アモンの子ヨシヤ（南王国16代目）によって信仰の改革が起こります。ヨシヤは神の目にかなうことを行い、先祖ダビデのように信仰の道を歩み、右にも左にもそれませんでした。

　ヨシヤは神の宮の修復工事を行います。工事の際に、宮の中から律法の書が見つかります。ヨシヤは律法の書のことばを聞いたとき、ユダの民全体が神の掟とおしえに聞き従わず、神の怒りを引き起こしたことを知ります。そして、神の律法に記されているとおりに歩まなかったことをただちに悔い改めます。それから神が忌み嫌う偶像を切り倒します。

　ヨシヤが信仰の復興を推進したにもかかわらず、神はマナセ（南王国14代目）が神の怒りを引き起こした罪のために、その激しい怒りを収めようとはされませんでした。そうして南王国は、エホヤキムの子エホヤキン（南王国19代目）の治世に、新バビロニアの王ネブカドネツァルに攻め入られ、エルサレムを占領されてしまいます。

📖 **読む順番**

　列王記第二 21〜23章 → 歴代誌第二 33〜35章 → ゼパニヤ書 1〜3章 → ナホム書 1〜3章 → ハバクク書 1〜3章 → ヨエル書 1〜3章

最後に、列王記第二 24 章から 25 章と歴代誌第二 36 章を読み、エレミヤ書、哀歌に進みます。哀歌を読み終えたら、当時の人々の心境をつづった詩篇 137 篇を読み、オバデヤ書に移ります。そして、エゼキエル書とダニエル書を一気に読みます。

ヨシヤ（南王国 16 代目）は、ユーフラテス川を目指して北上してきたエジプトの王ネコの大軍を迎え撃とうとして出陣します。ところが、戦場で敵兵の矢に射られて討ち死にします。

もともと、エジプトの王ネコはヨシヤと戦うつもりはありませんでした。ネコは南王国ユダの領土を通ってアッシリアの王のもとに行こうとしただけで、ヨシヤにはかかわらないでほしいと告げます。ところがヨシヤはそれを聞き入れず、エジプトの大軍を領地から追い払おうとします。その結果、戦場で命を落としてしまいました。こうして南王国はエジプトの支配に下ることになります。

エホアハズ（南王国 17 代目）がヨシヤの後を継ぎ、王位につきます。ところが、間もなくしてエジプトの王ネコがエホアハズを退位させ、エジプトに連れて行きます。そして、彼の代わりにエホヤキムを王座に座らせます。

エホヤキム（南王国 18 代目）の時代に、新バビロニアがエルサレムに攻め入ります。エホヤキムは抗うものの、あっけなく敗北してしまいました。このとき、ネブカドネツァルは神の宮に納められていた器の一部と、王族や貴族を数人選んで、新バビロニアの首都バビロンに連れて行きます（第 1 次バビロン捕囚、前 605 年）。

その後、エホヤキムの子エホヤキン（南王国 19 代目）が王となります。彼が王位につくと、再び新バビロニアに攻められ、降伏を余儀なくされます。このとき、主の宮と王宮に保管されていたすべての財宝を奪い取られ、エホヤキンは有力な貴族、有能な兵士、職人、鍛冶屋などと一緒にバビロンへ連れて行かれました。そして、ネブカドネツァルの存命中、

牢獄に入れられ、捕囚として生きます（第２次バビロン捕囚、前597年）。

　このようなことが南王国に起こったのは、預言者イザヤがヒゼキヤ（南王国13代目）に告げた神のことばが実現するためでした。また、マナセの罪のゆえにもたらされた結末でした。

　エホヤキン（南王国19代目）の代わりに彼のおじゼデキヤが王位を継ぎます。南王国の第20代にして、最後の王となります。彼もまた新バビロニアに反旗を翻しますが、ネブカドネツァル王の軍勢によって無残な敗北を喫し、バビロンに連れて行かれました。

　その後、バビロニア軍が再びエルサレムに攻め入り、神の宮とエルサレムの町を焼き払い、エルサレムの城壁をも打ち壊します。こうして南王国は滅ぼされ、350年の歴史に幕を下ろします。

　南王国ユダの末期に神のことばを告げたのが、エレミヤとエゼキエルです。この時代に祭司の家に生まれたエレミヤは、預言者イザヤの次に南王国の人々に神のことばを告げ知らせます（**エレミヤ書**）。エルサレムの町がネブカドネツァルの手に落ちていく様子を目にしたエレミヤは、その悲しみを詩に込め、歌い上げます（**哀歌**）。

　南王国が新バビロニアに攻められていることを喜び、ユダヤ人が苦しむ様子をただ遠くからながめているエドム人に対する神のさばきがオバデヤに告げられます（**オバデヤ書**）。

　祭司エゼキエルは、第２次バビロン捕囚（前597年）のときに、バビロニアの地で神々しい幻を見て、神のことばを告げ知らせる預言者としての召しを受けます。そして、捕囚の地に暮らすユダヤ人に神のことばを告げます（**エゼキエル書**）。

　ダニエルは、第１次バビロン捕囚（前605年）のときに、バビロンに

連れて行かれた人物です。彼は偶像崇拝がはびこるバビロニアの地で身を汚すまいと心を定め、神の民らしく生きようとします。たびたび偶像崇拝を強要されましたが、そのたびにそれを拒みます。そうして神が彼とともにおられることを、体を張って示します（**ダニエル書**）。

📖 **読む順番**

列王記第二 24〜25章 → 歴代誌第二 36章 → エレミヤ書1〜52章
→ 哀歌1〜5章 → 詩篇137篇 → オバデヤ書 1章 → エゼキエル書
1〜48章 → ダニエル書 1〜12章

● まとめ：分裂王国滅亡の経緯

　ここで、北王国イスラエルと南王国ユダの滅亡の経緯をおさらいしておきましょう。旧約聖書の歴史の後期を理解するうえで重要な骨組みとなりますので、その経緯を頭の中に思い描けるように、もう一度整理しておきましょう。

　ソロモンの子レハブアム（南王国1代目）の時代に、イスラエル王国は南北に分裂します。その後、19人の王たちが北王国イスラエルを治め、20人の王たちが南王国ユダを治めます。

　紀元前722年、アッシリア帝国は北王国イスラエルの首都サマリアを占領し、北王国を直轄領とします。アッシリアは北王国の住民をアッシリア地方に連行し、ほかの支配地の諸民族をサマリアに移住させます。こうして北王国はアッシリア帝国によって200年の歴史に幕を下ろします。

　このとき、南王国ユダはアッシリア帝国の属国となり、アッシリアに貢ぎ物を献上することを条件に、国の滅亡を免れます。それから約100後の紀元前625年に、カルデア人（セム系遊牧民）が新バビロニア帝国を建国します。新バビロニアは勢力を増し、メディア王国と同盟を結んで

アッシリア帝国の首都ニネベに攻め入ります（前612年）。そうして1400年にもおよぶアッシリアの歴史に終止符が打たれると、今度は新バビロニアが中東地域（メソポタミア地方）の覇権を掌握します。

　その後、新バビロニアの覇者ネブカドネツァルは南王国ユダの首都エルサレムに軍を進め、3度にわたってユダヤ人をバビロンに連行します（1次：前605年、2次：前597年、3次：前586年）。これがかの有名な「**バビロン捕囚**」です。南王国は抗うものの、紀元前586年の第3次バビロン

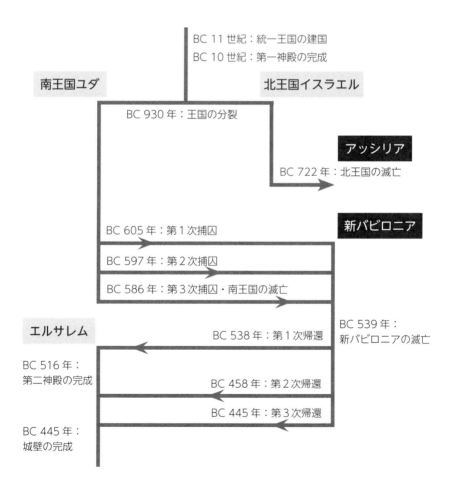

捕囚のときに、ネブカドネツァル王によって征服されます。こうして南王国は新バビロニアに占領されます。

　一時は中東地域一帯を支配し、敵を寄せつけなかった新バビロニアの勢力も永遠には続かず、紀元前539年、ペルシア帝国に滅ぼされます。ペルシアが新バビロニアを征服すると、その王キュロスはとらわれていたユダヤ人たちに祖国への帰還を公布し、神の宮の再建を許可します。こうして70年におよぶバビロン捕囚は終わりを告げ、3度にわたるエルサレムへの帰還が始まりました（1次：前538年、2次：前458年、3次：前445年）。

> いよいよ旧約の時代の最終局面を物語る書物に突入します。ここを読み終えれば旧約聖書を一読したことになります。
> 　バビロニアに連れて行かれたユダヤ人たちが捕囚から解放され、エルサレムに帰還します。バビロン捕囚後の歴史を述べているがエズラ記とネヘミヤ記です。

　新バビロニア帝国によって南王国ユダが滅びたとき、あたかもダビデの子孫も根絶やしにされたかのように見えました。しかし、神はダビデに約束したこと、つまり「あなたの王座はとこしえまで堅く立つ」という約束を果たすため、ユダヤ人をバビロニアからエルサレムに連れ戻されます。そして、彼らに神の宮とエルサレムの町を再建させます。そうして神はダビデに約束した契約を完遂しようとなさいました。

　エズラ記とネヘミヤ記はエルサレムに帰還したユダヤ人のその後を記録している一方で、**エステル記**は異国の地に残ったユダヤ人のその後の生活を記録しています（前5〜6世紀）。

　まずは、エズラ記1章から4章を読み、続いてハガイ書とゼカリヤ書

を読みます。三つの書物には、ユダヤ人の第1次帰還に関する経緯が記されています。ダビデの子孫に当たるゼルバベルの主導のもと、およそ4万人のユダヤ人たちがバビロニアを旅立ち、エルサレムに向かいます。エルサレムにたどり着いたユダヤ人たちは神の宮の再建工事に取りかかりますが、しばらくするとエルサレム近郊に暮らす異邦人の妨害にあい、工事を中止せざるを得なくなりました。そのときに神のことばを語ったのが預言者ハガイとゼカリヤです（**ハガイ書、ゼカリヤ書**）。

📖 読む順番
エズラ記 1〜4章 → ハガイ書 1〜2章 → ゼカリヤ書 1〜14章

　次に、**エズラ記に戻り5章から6章を読みます。その後、エステル記に進みましょう。**復興作業が一時中断してしまったところへ、神は預言者ハガイ、ゼカリヤを遣わし、ユダヤ人を力づけ、神の宮を完成させるようにと励まします。

　また、第1次帰還と第2次帰還の間に、ペルシア帝国の属州となった127の州にいるユダヤ人たちは滅亡の危機に瀕します。ユダヤ人を滅ぼそうとたくらんだハマンの計略からユダヤ人を守る神のみわざを記録したのが**エステル記**です。

📖 読む順番
エズラ記5〜6章 → エステル記1〜10章

　続いて、**エズラ記7章から10章を読み、詩篇119篇に移ります。**エズラ記7章から10章には、祭司であり旧約の律法に精通している律法学者エズラが小規模の集団を率いてエルサレムに帰還する第2次帰還の

様子が描かれています。エズラの活躍によってイスラエル人は神の律法
を知り、再び神へのいけにえがささげられるようになりました。

📖 **読む順番**

エズラ記7〜10章 → 詩篇119篇

　最後に、ネヘミヤ記とマラキ書を読んで、旧約を締めくくります。ネ
ヘミヤはエルサレムに帰還した後にエルサレムの城壁の再建に着手し、
これを完成させます。その後、再び栄えたユダヤ人に向けて語られた神
のことばがマラキ書です。

📖 **読む順番**

ネヘミヤ記1〜13章 → マラキ書 1〜4 章

◆イスラエル王国の分裂～エルサレム帰還

B.C. 930 年	**●イスラエル王国の分裂｜Ⅰ列王記 12：20** 　ソロモン王の死後、レハブアムが王位を継承した。諸部族の長老たちは、ソロモンの後継者レハブアムに謁見して重税と賦役の軽減を願ったが、王に跳ね返された。これに不満を覚えた諸部族がレハブアムに反旗を翻し、シェケムの地でヤロブアムを自らの新しい王とした。12部族のうち 10 部族がヤロブアムにつき、ユダ族とベニヤミン族だけがレハブアムのもとに残った。
B.C. 722 年	**●北王国イスラエル　首都サマリアの陥落｜Ⅱ列王記 17：1～8** 　北王国イスラエルは、アッシリア帝国の軍によって首都サマリアを占領され、滅亡した。イスラエル人の多くは中東各域に離散したが、一部は捕虜としてアッシリアに連行された。
B.C. 612 年	**●アッシリア帝国　首都ニネベの陥落** 　アッシリア帝国は、新バビロニア帝国によって首都ニネベを占領され、滅亡した。以後、イスラエル 10 部族は歴史の表舞台から姿を消す。
B.C. 605 年	**●第 1 次 捕囚｜ダニエル書 1 章、Ⅱ列王記 24：1** 　第 1 次捕囚は、南王国ユダの王エホヤキムの治世の第 3 年に起きた。 　新バビロニア帝国のネブカドネツァルは、アッシリア軍の残存勢力を討伐するため、遠征に出かけた。そのとき、アッシリア軍を手助けするために出陣したエジプト軍を撃破し、エジプトの影響下にあったシリア地方の諸王国を支配下に置く。この年、エジプトの支配下にあった南王国も新バビロニアの属国となった。新バビロニア

は、南王国に貢物と有力な王族や貴族を数名人質として
差し出すように迫った。その中に、ダニエルとその友人
たちがいた。

| B.C. 597 年 | ●第2次 捕囚｜Ⅱ列王記24：10〜17、エレミヤ書27章 |

●**第2次 捕囚｜Ⅱ列王記24：10〜17、エレミヤ書27章**

南王国の王エホヤキムは、3年間、新バビロニアの支配に下ったものの、エジプトの国境まで進出した新バビロニア軍が敗退したのを知り、ネブカドネツァルに歯向かった（前601年）。

ネブカドネツァルはエホヤキムの子エホヤキンが即位するまで、南王国に攻め入ることはなかった。しかしエホヤキンが王位につくと、その首都エルサレムに大軍を送り、町を包囲した。その3か月後に、南王国は降伏した。

ネブカドネツァルは南王国の勢力を削ぐために、投降したエホヤキンとともに、ユダヤ人の有力な貴族や祭司、律法学者、兵士、職人など約1万人を捕虜として新バビロニアの首都バビロンに連れて行った。エルサレムにある神の宮と王宮に保管されていた宝物も、このときすべて奪い取られてしまう。

B.C. 586 年

●**第3次 捕囚｜Ⅱ列王記25：1〜7、エレミヤ書52：1〜11**

南王国の最後の王ゼデキヤは、新バビロニア帝国に反旗を翻した。新バビロニアの王は軍を送り、エルサレムを包囲した。南王国は、新バビロニアによって首都エルサレムを占領され、ゼデキヤとともに多くのユダヤ人がバビロンへ連行された。

●**南王国ユダ 首都エルサレムの焼失｜Ⅱ列王記25：8〜21**

ネブカドネツァルの親衛隊長率いる部隊によって、エ

ルサレムにある神の宮は焼き払われ、城下町と、町を囲う城壁もことごとく破壊される。エルサレムは廃墟と化す。

B.C. 539 年	●新バビロニア帝国 首都バビロンの陥落 　新バビロニア帝国は、ペルシア帝国によって首都バビロンを占領され、滅亡した。
B.C. 538 年	●第1次 帰還 ｜ エズラ記1〜2章 　ペルシア帝国の王キュロスの勅令により、捕虜の解放が公布された。ユダヤ人は総督ゼルバベルと大祭司ヨシュアを先頭に、約4万人がエルサレムに帰還した。 ●神殿の再建工事 ｜ エズラ記3章 　帰還したユダヤ人は、総督ゼルバベルと大祭司ヨシュアの指導のもと神殿の再建工事に着手する。しばらくすると、ユダヤ人がバビロニアにとらわれていた間にエルサレム近郊に住み着いた異邦人の妨害にあい、工事を中止せざるを得なくなった。
B.C. 516 年	●第二神殿の完成 ｜ エズラ記5章 　十数年間、異邦人の妨害によって神殿の復興作業は中断していた。神は預言者ハガイ、ゼカリヤを遣わし、総督ゼルバベルと大祭司ヨシュア、ならびに帰還したユダヤ人を力づけ、工事を再開させ、神殿を完成させた。
B.C. 479 年	●ユダヤ人滅亡の危機 ｜ エステル記3：7〜15 　ユダヤ人が再び滅亡の危機にさらされたとき、神は王妃エステルを通してハマンの計略を粉砕し、ユダヤ人を守られた。

B.C. 458 年	●第2次 帰還｜エズラ記7章 　祭司であり旧約の律法に精通していた律法学者エズラが、小規模の集団を率いてエルサレムに帰還した。
B.C. 445 年	●第3次 帰還｜ネヘミヤ記1章 　ペルシア王アルタクセルクセスの献酌官であったネヘミヤは、王の好意によってエルサレムに帰還した。 ●エルサレムの城壁の完成｜ネヘミヤ記7章 　エルサレムに帰還したネヘミヤは町の城壁の再建に取りかかり、これを完成させた。

第3部　新約聖書

　新約聖書は旧約聖書に記された救い主にまつわる預言の成就と、イエスから遣わされた弟子たちによる福音宣教の働きについて述べています。新約の歴史は、おもに四つの福音書と使徒の働きに記されています。

　新約聖書に入る前に、旧約が幕を閉じ、新約の幕が開くまでの間、中東地域に何があったのかを少し説明しましょう。旧約聖書にはこの時代に関する詳細な記述はないものの、預言書にこの時代に起こる出来事がわずかばかり記されています。

中間時代

　旧約が終わり、新約が始まるまでの400年を「沈黙の時代」、もしくは「中間時代」と呼びます。この時代が「沈黙の時代」と呼ばれるゆえんは、預言者アモスが語った「主のことばを聞くことの飢饉」が起こっていたからです。

　バビロニアから帰還したユダヤ人がエルサレムの城壁の修復を終えた頃から神のことばは減り始め、いつしか預言は途絶えてしまいます。久しく神のことばを耳にする者はいませんでした。

　この時期にユダヤ人の生活環境は一変します。先の時代、南王国ユダを征服した新バビロニア帝国がペルシア帝国に滅ぼされると、バビロニアに捕虜としてとらわれていたユダヤ人に故郷への帰還が公布されます（前538年）。

　ユダヤ人は祖国に帰還し、廃墟と化していたエルサレムの町を再建します。その後、ペルシア帝国の支配の下、100年ほど争いのない日々を

過ごします。

　ところが、束の間の平和も、マケドニアのアレクサンドロス（アレクサンダー）大王によって終わりを迎えます。ユダヤ地方を含む地中海諸国はペルシア軍を打ち倒したギリシア連合軍に征服されます（前330年）。以降、時代は転変し、アレクサンドロス大王が中東地域一帯を支配するようになりました。

　アレクサンドロス大王の死後、彼の家臣であったセレウコス家がユダヤ地方周辺の支配権を手中に収めます。セレウコス家はユダヤ人の信仰を弾圧し（前167年）、神殿に仕える祭司を追放したり、律法に汚れたものと定められている動物やゼウスを祀る祭壇などをエルサレムの宮に持ち込み、聖所を汚したりしました（マルコ13：14）。

　不満をつのらせたユダヤ人たちは反乱を起こし、セレウコス朝からの独立を試みます（マカバイ戦争）。先祖の言い伝えを忠実に守ろうとする敬虔なユダヤ人たちは、ユダ・マカバイの指揮のもと、セレウコス朝の軍隊に立ち向かい、敵軍を撃破します。その後、ユダヤ人とセレウコス朝との間に平和条約が結ばれ、ユダヤ人による自治が認められるようになりました（前163年頃）。

　ところが、アレクサンドロス大王が建国した大国も永遠に続くことはありませんでした。紀元前200年頃になるとローマ帝国が地中海周辺国を制覇し、紀元前63年にはエルサレムもローマ軍に占拠されてしまいます。ユダヤ地方がローマ軍の属州になると、ローマ皇帝と議会（元老院）から委任されたヘロデによって統治されるようになります。

　ローマ帝国の重税とヘロデ王の圧制に苦しむユダヤ人たちは、いつにも増してメシア（救い主）の到来を強く待ち望むようになります。

　このように神が沈黙された400年の間に、ユダヤ人を取り巻く社会情勢は大きく変化しました。

新約のあらすじ

　唯一まことの神は御使いを遣わし、ユダヤの人々にバプテスマのヨハネとイエス・キリストの誕生を告げ知らせました。400年ぶりにユダヤ人に告げられた神のみことばは、彼らが長く待ち望んでいた救い主の誕生に関する喜ばしい知らせでした。

　それから30年後、神はバプテスマのヨハネにことばを授けます。神のみことばを預かったヨハネはヨルダン川のほとりでユダヤ人たちに神の国が近づいていることを教え始め、信じる者たちに、罪が赦されるための悔い改めのバプテスマを授けていました。そんなある日、神の子イエスがヨハネのもとを訪れ、バプテスマを受けられます。

　イエスはバプテスマを受けると、エルサレムやガリラヤ湖の周辺で宣教を開始し、神のご栄光を現しました。安息日ごとに諸会堂で神のことばを語り、汚れた悪霊につかれた人々から悪霊を追い出し、病人を癒やしました。後に、イエスはより多くの町々に福音を宣べ伝えるために12人の弟子を選び、彼らと寝食をともにしながら天の御国の福音を宣べ伝えます。

　時が来ると、イエスは人の罪を贖うために、十字架の上で血を流し、亡くなりました。その後、旧約聖書の預言に従って、墓に葬られてから三日目に死人の中からよみがえられました。復活してからは弟子たちを励まし、力づけられます。そして、かねてからイエスが弟子たちに約束しておられた聖霊が臨むまでエルサレムにとどまるようにと教えました。また、聖霊が臨んだら、世界中に出て行ってあらゆる国の人々に福音を宣べ伝え、福音を信じて受け入れる人々をキリストの弟子にするようにと命じました。そうして、最後は弟子たちが見守る中、天に引き上げられていきます。(福音書 全4巻)

　イエス・キリストが天に上げられると、弟子たちはエルサレムのある

家の屋上の部屋に集まり、心を合わせて熱心に祈っていました。彼らが祈りに専念していた頃、エルサレムの町は三大祭りの一つ「七週の祭り」を祝いに来たユダヤ人であふれていました。イエスの遺体が墓場から消えて50日ほどしかたっていないこともあり、ちまたでは弟子たちがその遺体を持ち去り、あたかもイエスが復活したかのように見せかけているといううわさが流れていました。

　弟子たちが熱心に祈っていると、天から激しい風が吹いてくるような音が鳴り響きます。その瞬間、彼らの上に聖霊が臨みました。聖霊に満たされた弟子たちは、大通りに出て行って、イエスが復活したことと、そのお方こそが旧約聖書に記されている救い主であると証言します。弟子たちの話を聞いた大勢のユダヤ人が心を刺されて神に立ち返りました。しかし、弟子たちの証しをあざ笑う者たちもいました。弟子たちは「遣わされた者」という意味の「使徒」とも呼ばれますが、この使徒たちがイエスの復活の証人として全世界に福音を送り届けます。

　神は恵みの福音がエルサレムから全世界に広まることを計画していました。それゆえに、イエス・キリストを信じ、受け入れた人々を世界各地に遣わしたのです。キリスト者（クリスチャン）への迫害が増す一方で、使徒だけでなく執事や信徒の中からも神の福音を宣べ伝える伝道者が出てきます。彼らによってあらゆる国々に福音のみことばが届けられていきました。ヨハネ以外の使徒たちは、イエスと同じように、みな宣教地で殉教したといわれています。（使徒の働き）

　使徒たちが福音を宣べ伝えると、群衆の多くがイエス・キリストを信じました。その様子を見たユダヤ人の中には律法を重んじる者たちがいました。彼らは割礼を受けなければ救われないと反論します。そのような者たちの偽りの教えに惑わされないようにと、パウロは各地の教会に手紙を送り、イエス・キリストを信じることだけが救いの唯一の道であると説きました。

　そのほかにも神の福音が全世界に広まる様子が、ペテロやヤコブ、ヨハネが残した手紙に記されています。ペテロはユダヤ人の宣教師として福音を説き、ヤコブは試練に苦しむ同胞たちに励ましの手紙を送りました。ヨハネは神から示された終末の時代の様子を記し、迫害されているキリスト者たちを励ましました。(書簡 全21巻、ヨハネの黙示録)

新約聖書　通読ガイド 〜実際に読んでいこう〜

　新約聖書は救い主イエスに関する事柄を述べています。そこには旧約聖書に記されている救い主にまつわる預言の成就と、神の救いのみわざがエルサレムから全世界に広がる様子が描かれています。さらに、終わりの日に関する預言も書き記されています。

　新約の時代は、大きく前期と後期に分けることができます (25頁参照)。新約聖書の最初の四つの福音書が新約時代の前期に当たります。そこには、おもにイエスの約3年半におよぶ公生涯の働きが記されています。

　新約時代の後期は、使徒の働きに記されています。使徒たちを通して福音がエルサレムから全世界に広まる様子が描かれています。

　旧約聖書を読み解く鍵がアブラハムとダビデだったように、新約聖書のキーパーソンはイエス・キリストと使徒たちです。イエス・キリストと使徒たちを手がかりに、新約聖書を読み進めるようにしましょう。それでは、「新約のあらすじ」(75項) を参考に、新約聖書を時間の流れに沿って読む具体的な順序を見ていきましょう。

1. 新約時代の前期 (四福音書)

　新約聖書の前半部は、イエス・キリストによって神の救いの計画が完了し、神の約束が実現する経緯を述べています。四つの福音書には、おもにイエスの教えと働きが記されていますが、イエスの幼児期、思春期

の記録はほとんどなく、イエスが十字架にかけられる前の7日間に多くの紙面を割いています。このことからもわかるように、各福音書は十字架に焦点を合わせ、イエスが救い主であることを伝えようとしています。

● 各福音書の特徴

四つの福音書は、おもに神の国の福音に関する教えと不思議なしるし（奇跡）、イエスが十字架にかけられる前の7日間の記録、十字架の死、復活、昇天について物語っています。四つの書が「福音書」と呼ばれる理由は、それらがイエスの伝記ではなく、イエスを通して現された神の救いと神の国の実現を告げる喜ばしい知らせだからです。

イエスの復活を直に目撃した者たちが一人、二人と世を去るなか、後世にイエスの教えと働きとを語り継ぐために、4人の聖書記者によって福音書が記録されました。それぞれの書はその対象読者を考慮してキリストの福音を宣べ伝えます。

福音書はそれぞれが完結した一つの書物です。モーセが記録した律法の書（創世記、出エジプト記、レビ記、民数記、申命記）のようにつながってはいません。そのため、サムエル記と列王記の内容が歴代誌と重なるように、四つの福音書にも同じことが記録されています。ただ、それぞれの記述に微妙な違いが見受けられます。細部における相違は誤りではなく、読者に伝えようとしている趣旨の違いによるものだと考えられます。したがって、それぞれの記者の観点を踏まえたうえで福音書を読み進める必要があります。では、それぞれの記者は誰に宛てて福音書を書いたのでしょうか。

マタイの福音書は十二弟子の一人である取税人マタイによって書き記されました。当時のユダヤ人（イスラエル人）を対象にキリストの福音を述べています。イエスがダビデの子孫であり、神が遣わすと約束した救い主であることを伝えようとしています。

ユダヤ人に宛てて書かれたため、他の福音書よりも旧約聖書に記され

た預言が多く引用されています。旧約の預言と照らし合わせながらイエスが救い主であると証ししているからです。マタイの福音書を深く味わうためには、旧約の預言に精通している必要がありますから、旧約聖書の預言の書を読み込んだ人向けといえるでしょう。

　マルコの福音書はローマに暮らすキリスト者に向けて書かれたといわれています。神のみこころを成し遂げるため、人に仕えるしもべとして地上に来られたイエスの一面に焦点を当て、キリストの福音について説明しています。ユダヤ人の習慣やしきたりについてあまり詳しくないローマにいるキリスト者に宛てて書かれたこともあり、四つの福音書の中では最も分量が少なく、イエスの教えよりも働きを重点的に紹介しています。したがって、福音書を初めて読む人や旧約に詳しくない人におすすめです。

　ルカの福音書はルカがローマの執政官テオフィロに宛てて書いた手紙です。ルカはキリストを通して得られる永遠のいのちについて、目撃者たちの証言を綿密に調べ、彼らが宣べ伝えた福音を順序立てて書き記しました。非ユダヤ人のテオフィロに向けて書いたため、イエスの教えと働きを通して、イエスが神の子であることを伝えようとしています。イエスの宣教の働きを時間の流れに沿ってまとめていますので、福音書を時系列に沿って読みたい人に向いています。

　ヨハネの福音書は、当時、霊知と呼ばれる異教の教えに感化されてイエスを神と認めない人々に向けて書かれました。特にイエスが神であるという点を強調しています。イエスが行った不思議なしるしや比喩的な教訓が多いため、イエスのことばを正しく読み解くためには他の福音書を参照する必要があります。このような特徴から、ヨハネの福音書はほかの三つの福音書を読み終えてから読むようにしましょう。

● 通読の順序

> 新約聖書を開きましょう。
> 　新約時代の幕明けです。新約聖書の初めに出てくるのが四つの福音書です。福音とは、「喜ばしい知らせ」「朗報」を意味します。イエス・キリストによって神の約束が実現したことが当時の人々にとってこの上なく喜ばしい知らせであったことをうかがい知ることができます。四つの福音書をすべて読むのが億劫になるようでしたら、ルカの福音書だけを読み、そのまま使徒の働きにお進みください。

　まず、マタイの福音書、マルコの福音書、ルカの福音書、ヨハネの福音書の順に、四つの福音書を読みます。福音書には、新約時代の前期に該当する歴史が記されています。イエス・キリストを通して神の約束が実現する様子に注目しながら読み進めていきましょう。

POINT ▶▶ キリストによる約束の実現

　先述のように、福音書はイエスの十字架にスポットライトを当てて何かを伝えようとしています。

　福音書がイエスの十字架をライトアップしている理由は、イエスの死によって旧約聖書に記された神の約束が実現したことを知らせようとしているからです。イエスが十字架の上で最後に口にされたことばが、まさにそのことを示唆しています（ヨハネ 19：28 ～ 30）。

　それでは、どの約束が実現したのでしょうか。創世記の冒頭にさかのぼって、神が蛇に宣告したことばを思い起こしてください。神は、罪を犯して永遠の死に定められた人を救うために、「わたしは敵意を、おまえと女との間に、おまえの子孫と女の子孫（イエス・キリスト）の間に

置く、彼はおまえの頭を打ち、おまえは彼のかかとを打つ」と言われました（創世3：15、括弧内筆者）。神のことばどおり、イエスは十字架の上で想像を絶する苦しみを受けて死なれました。と同時に、サタンの頭を踏み砕き、罪の報いとして与えられていた永遠の死から私たちを救い出してくださいました。

　この約束を果たすために、神はアブラハムやダビデと契約を結び、彼らとその子孫を通して、救いのご計画を推し進められました。そうして、私たちを罪による永遠の死から救おうとされたのです。

　神は、イスラエルの歴史の中でご自分が告げたことを一つもたがえず、すべて実現されました。そうして、イエスを救い主として信じる人に永遠のいのちが与えられるようにされました。このように、福音書はイエスの十字架を通して、神の約束が実現したことを伝えようとしているのです。

POINT ▶▶ 救い主イエスの教えと働き

　四つの福音書には、イエスの教えと、神の力あるわざと不思議としるしがたくさん出てきます。これらは、イエスが神の子キリストであることの証拠として示されたものでした。

　イエスが行った力あるわざには、常識では考えられないものがたくさんあります。病人が癒やされ、悪霊につかれていた人がその支配から解き放たれます。また、死人がよみがえったり、水がぶどう酒に変わったり、五つのパンと2匹の魚で5,000人が満腹したり、荒れ狂う嵐を静めたりと、不思議なことばかりです。

　イエスがどのような理由からこれらの不思議を行ったかについて、使徒ヨハネのことばを引用しましょう。聖書記者の一人であるヨハネは、このようなことを述べています。「イエスは弟子たちの前で、ほかにも多くのしるしを行われたが、それらはこの書には書かれていない。これらのことが書かれたのは、イエスが神の子キリストであることを、あな

たがたが信じるためであり、また信じて、イエスの名によっていのちを得るためである」（ヨハネ20：30〜31）。つまり、これらの不思議なしるしを通して、イエスが神の子キリストであり、そのお方によって永遠のいのちを得られる、ということを伝えようとしたのです。

イエスが郷里のナザレで、ご自分が救い主であることを次のように述べた場面があります。「あなたがたが耳にしたとおり、今日、この聖書のことばが実現しました」（ルカ4：21）。この「聖書のことば」とは、イザヤ書の一節です。「主の霊がわたしの上にある。貧しい人に良い知らせを伝えるため、主はわたしに油を注ぎ、わたしを遣わされた。捕らわれ人には解放を、目の見えない人には目の開かれることを告げ、虐げられている人を自由の身とし、主の恵みの年を告げるために」（ルカ4：17〜19。イザヤ61：1〜2の引用）。このイザヤ書のみことばは、やがて来る救い主が行うことを示していました。イエスが行った力あるわざは、まさにイザヤ書に記されていたことでした。イエスは人々を驚かせようとして不思議な力を見せびらかしたわけではなく、それらによってご自分が旧約聖書に預言された神の子キリストであることを示そうとされたのです。

このようなしるしのほかに、イエスは多くのことを教えました。四つの福音書には40を超えるイエスの教えやたとえが記されていますが、とりとめのない話を適当に並べたのではなく、一貫したメッセージを述べています。では、イエスは多くのたとえを用いて何を教えようとされたのでしょうか。

イエスは、多くのたとえを用いて神の国の福音の奥義について話されました。神の国がどのようなところか、そこにはどのような人が入れられるかについて教えたのです。多くのたとえを通して、福音の奥義、すなわちキリストによる救いを宣べ伝えました。

興味深いことに、イエスが福音の奥義について話したとき、たとえを使わずには何もお話しにならなかったようです。どうしてイエスはたと

えを使って話されたのでしょうか。

　ルカの福音書を見ると、イエスがたとえを用いた理由がこう説明され
ています。「彼らが見ていても見ることがなく、聞いていても悟ること
がないように」（ルカ8：10）。つまり、福音の奥義を聞いても悟ることが
ないようにするために、たとえを用いたのです。

　イエスは群衆にたとえを使って話しましたが、弟子たちだけにはたと
えの意味を解き明かしました。つまり、それがどのように救いと関係す
るかを解き明かされたのです。そうして群衆には福音の奥義の意味を隠
し、弟子だけがそれを知り、その意味を悟れるようにしました。

POINT ▶▶ 血による新しい契約

　これまで、神の契約に基づいて救いの計画が前進していったことにつ
いて何度か触れてきました。神の契約とは、神がイスラエルの神となり、
イスラエルが神の民となることを意味します。そのため、神の契約を破
るということは、神をわたしの神と認めないことを意味します。

　カナンの地に移り住んでからというもの、イスラエル人は神の契約
（掟と定め）を破り続けました。神を捨て、偶像の神々に仕えます。そ
の一方で、神は彼らの先祖アブラハムに約束されたことを一つもたがえ
ず、最後まで守り通されました。そうして、イエスの十字架の死と復活
によって救いの計画を成し遂げられます。

　このように神の契約はイエスの十字架の死によって完了したため、新
約の時代に神の契約はもはや有効ではないと思われるかもしれません。
ところが、イエスは最後の晩餐の席で、弟子たちと食事をしながら神の
契約を更新されました。

　晩餐の席で、イエスはパンを裂き弟子たちに渡された後に、杯を回し、
「この杯は、あなたがたのために流される、わたしの血による、新しい
契約」だと言われます（ルカ22：20）。そうして、イエスの復活を信じる
者たちの罪を取り除き、生ける神に仕える者としてくださいました。

　このとき更新された契約には、先の契約と異なる点があります。それは、イエスを信じる者の罪が完全に赦されたという点です。キリストの血による新しい契約によって、もはやいけにえをささげる必要はなく、ただイエスを信じる信仰によって聖なる者とされるようになりました。そうして神はイエスを信じる者を義人（正しい人）と認め、彼らに神の国を受け継がせます。今の時代を生きる私たちがイエスを救い主として信じれば永遠のいのちを受けることができるのは、この新しい契約のおかげなのです。

POINT ▶▶ イエスの公生涯

　イエスは30歳になると宣教を始めます。それから約3年半の間、ガリラヤ地方のカペナウムという町を拠点に、ユダヤ地方とガリラヤ地方を行き来しながら神の国の福音を告げ知らせました。イエスが神の国の福音を宣べ伝えた期間を「**公生涯**」といいます。

　四つの福音書に記されているイエスの公生涯の足取りをたどるのは容易なことではありません。なぜなら、各福音書に記されている出来事の順番が微妙に異なるからです。そのため、時系列に沿ってイエスの足取りを追いかけることはせず、イエスがいつ頃、どの地方で福音を宣べ伝えたかを大雑把にまとめる程度にします。それらの内容は大部分一致していますので、イエスの教えと働きを順序立てて記録したルカの福音書を主軸にイエスの公生涯を整理するとよいでしょう。

　ユダヤの暦では、1年に三つの祭りを行うことが律法に定められていますから、それらの祭りを手がかりにイエスの公生涯の経過を整理することができます。大まかにまとめると、イエスはガリラヤ地方で宣教を開始し、おもにガリラヤ、サマリア、ユダヤで神の国の福音を告げられます。公生涯の大半をガリラヤ地方の町と村を巡回しながら福音を宣べ伝えますが、3度にわたって福音を宣べ伝えたことから、ガリラヤ地方での宣教を「第1次ガリラヤ宣教」「第2次ガリラヤ宣教」「第3次ガリ

ラヤ宣教」に分けることができます。また、公生涯の間、エルサレムで
行われる過越の祭りが4回ありましたので、1年の初めに行われる過越
の祭りを基準に、イエスの公生涯の時期を推測することができます。次
頁に四福音書に記された出来事を大まかにまとめていますので、参考に
しながら聖書を読み進めてください。

📖 読む順番

マタイの福音書1〜28章 → マルコの福音書1〜16章 → ルカの福音
書1〜24章 → ヨハネの福音書1〜21章

◆イエスの公生涯

公生涯前 **0年目** （6～8か月）	**●準備｜ルカの福音書3章1節～4章13節** 　イエスは宣教を開始する前に、その準備をした。バプテスマのヨハネから洗礼を受けると、聖霊に導かれて荒野に行き、そこで40日間サタンの試みを受けた。 　それから、おそらくヨルダン川東岸の町ベタニアで、バプテスマのヨハネの二人の弟子であるアンデレともう一人の弟子を付き人として召す。翌日、イエスはシモン・ペテロ、ピリポ、ナタナエルに会い、一緒に来るようにと誘った。 　それからガリラヤ地方のカナの婚礼に出席し、水をぶどう酒に変える最初のしるし（奇跡）を行った。 　婚礼が終わると、イエスは母や兄弟たちや弟子たちと一緒にガリラヤ地方のカペナウムに向かう。カペナウムはイエスがガリラヤ地方で福音を宣べ伝える際の拠点となった。その後、過越の祭りが近づいたので、イエスはエルサレムに上る（**過越の祭り：1回目**）。 　イエスはエルサレムに入ると、宮で神の名を汚す商人たちの商売道具を倒し、彼らを宮から追い出した。過越の祭りの期間中、イエスは祭司長や役人の圧力にひるむことなく、エルサレムとユダヤの地で神のおしえを大胆に語り告げた。これを見た多くの人々がイエスのことばを信じた。
公生涯 **1年目**	**●1年目｜ルカの福音書4章14節～5章39節** 　公生涯で1回目の過越の祭りが終わってからも、イエスはユダヤにとどまり、約8か月の間、神の国の福音を宣べ伝えた。この頃にニコデモに会い、神の国について説き明かす。 　その後バプテスマのヨハネがヘロデ王に捕らえられた

と聞いてガリラヤ地方に退く。ガリラヤ地方に向かう道中、サマリアのスカルという町に立ち寄り、そこに暮らす女性に神の国の福音を告げた。

　イエスの一行は旅を続け、ガリラヤ地方のカナに向かう。カナに着くと、王室の役人から「死にかかっている息子のいのちを救ってくれ」と頼まれる。イエスは役人の息子に会うことなく、ことばで病を治した。

　その後、イエスは故郷のナザレに行った。安息日に会堂に入るとイザヤ書が手渡されたので、みことばを朗読し、イザヤ書のみことばが示すとおり「自分が神の子キリストである」と証しする。すると、幼い頃からイエスを見てきた町の人々はひどく腹を立て、イエスを町から追い出した。

　それからイエスはガリラヤ地方のカペナウムへ行き、その町で数人の弟子たちとともに福音を宣べ伝えた。その後、弟子たちとともにガリラヤ地方の諸会堂を巡りながら福音を告げ知らせた（**第1次ガリラヤ宣教**）。

　ガリラヤ地方における第1次宣教旅行を終えてカペナウムに戻ると、イエスのうわさはますます広まり、大勢の群衆がイエスの話を聞くために、また病気を癒やしてもらうために集まって来た。イエスのうわさを聞いた律法学者やパリサイ人たちも、イエスの話を聞くためにイエスのもとに集まるようになった。

　その後2度目の過越の祭りがあり、エルサレムに上る（**過越の祭り：2回目**）。

**公生涯
2年目**

●2年目｜ルカの福音書6章1節〜9章11節

　公生涯における2回目の過越の祭りが終わると、イエスはガリラヤ地方に戻り、カペナウム近郊の町々で福音を宣べ伝えた。この頃になると、ヘロデ王にくみするパリサイ人の非難が増し、事あるごとにイエスのことばに言いがかりをつけるようになる。彼らは、ヘロデ王や大

祭司が忍ばせた監視人だった。監視の目が付きまとうように
なっても、イエスは臆することなく神の国のことを
語り続けた。

　イエスはガリラヤ地方における２度目の巡回宣教に備
えて十二弟子を任命する。彼らを宣教旅行に同行させ、
舟の上や丘の上で群衆に神の国の福音を説き明かした。
この頃に、有名な「山上の説教」を行う。

　その後、イエスの一行は再びガリラヤ地方の諸会堂を
巡りながら福音を宣べ伝える（**第２次ガリラヤ宣教**）。こ
のときから十二弟子以外に、自分の財産をもってイエス
と弟子たちに仕える女性たちが同行した。また、イエス
は多くのたとえを用いて神の国の奥義を語った。ただ、
群衆にはたとえの意味を隠した一方で、弟子たちには解
き明かした。

　２度目のガリラヤ地方における巡回宣教を終えると、
故郷のナザレを訪ねる。このときもナザレの人々はイエ
スを信じず、排斥する。

　それから十二弟子とともにガリラヤ地方の町や村を巡
りながら神の国の福音を告げ知らせる（**第３次ガリラヤ
宣教**）。３度目の巡回宣教の最中、イエスは十二弟子に汚
れた霊を追い出す権威を与え、ガリラヤ地方の町々に二
人ずつ遣わした。弟子たちは、それぞれの町や村で神の
国が近づいていることを知らせ、悔い改めを説き、悪霊
を追い出し、大勢の病人に油を塗って癒やした。そうし
ているうちに、過越の祭りが近づく（**過越の祭り：３回
目**）。

**公生涯
３年目**

●３年目｜ルカの福音書９章12節〜19章27節
　３回目の過越の祭りの期間中、イエスはエルサレムに
上らず、ガリラヤ地方で福音を語り続ける。その頃に、
五つのパンと２匹の魚で5,000人の人々を満腹にした。
また、ガリラヤ湖周辺の町々を巡りながら神の国の福音

を告げ知らせた。さらに、ご自分がエルサレムに行って、長老たち、祭司長たち、律法学者たちから多くの苦しみを受け、殺され、３日目によみがえらなければならないことを弟子たちに示し始めた。

その後、仮庵の祭りが近づいたので、イエスは内密にエルサレムに上った。祭りの期間が終わると、イエスが行くつもりのユダヤの町々に 72 人を遣わす。そして、ユダヤ地方で神の国のことを教えた。また、弟子たちに「主の祈り」を教えた。

ユダヤ地方で神の国の福音を告げ知らせていると、宮きよめの祭りが行われる時期になった。そこでイエスはエルサレムに上った。それからペレア地方に行き、そこでたとえを用いて神の国のことを教えた。

イエスが神の国のことを語っていると、ラザロが病気にかかって死にかけているという知らせを受ける。そこでイエスは彼のもとに行くが、ラザロはすでに死んでしまっていた。そこでイエスはラザロをよみがえらせ、神の栄光を現す。すると祭司長たちとパリサイ人たちは、イエスのゆえに自分たちの権威が失墜することを恐れ、イエスを殺そうとする。その日以来、イエスはユダヤ人たちの間を公然と歩くことをせず、荒野に近い地方に去り、弟子たちとともにそこに滞在した。

しばらくして過越の祭りが近づくと、イエスはエルサレムに向かう。道中、エリコの町に立ち寄り、ザアカイの家に泊まった。過越の祭りの６日目にエルサレム近郊の町ベタニアに着き、祭りの期間中、そこに滞在した。

公生涯
4年目
（約50日）

● 4 年目｜ルカの福音書 19 章 28 節〜 24 章 53 節
４回目の過越の祭りが始まると、イエスはろばの子に乗ってエルサレムの町に入る（**過越の祭り：4 回目**）。

エルサレムに入ると、イエスは神の宮で商売していた商人たちの商売道具を壊し、宮から彼らを追い出した（月

曜日）。また、エルサレムの宮で神の国と世の終わりについて教えた（火曜日）。それからオリーブ山に退き、弟子たちに宮で群衆に語られたたとえを解き明かした（水曜日）。祭司長や民の長老たちは、イエスを殺すための陰謀をくわだてていたが、祭りの期間中にはイエスに従う群衆を恐れ、行動を控えた。

　過越の祭りの２日前の夜、イエスは弟子たちと最後の晩餐をもった（木曜日）。その席でパンを裂いて弟子たちに手渡し、杯を取って飲むようにと回す。そして彼らと新しい契約を結んだ。食事を終えると弟子たちとともにゲツセマネに行き、そこでいつもどおりに祈った。

　イエスが祈っていると、祭司長や民の長老たちから遣わされた警備隊が現れ、イエスを連行した。夜が明けると大祭司カヤパの家でユダヤの最高法院が開かれ、イエスを始末するための策が話し合われた。祭司長や民の長老たちは、イエスが神の子だと言ったことが神を冒瀆する死罪に当たるとして総督ピラトにイエスの死刑を申し出る。ピラトはイエスを取り調べるが、死罪に当たることは何も見つからなかった。イエスを釈放しようとするものの、祭司長や民の長老たちにくみする民衆の多くがイエスを十字架につけるようにと騒ぎ立てたため、イエスに十字架の刑を言い渡した。

　翌朝、イエスは十字架につけられた（金曜日）。午後３時頃になると辺りは暗くなり、イエスは大声で叫んでから息を引き取った。ユダヤの最高法院の議員でヨハネという人がイエスの遺体を引き取り、岩に掘った墓にイエスの遺体を安置した。

　それから３日後に、イエスは死人の中からよみがえった（日曜日）。その後40日間にわたって弟子たちに現れ、神の国のことを語った。最後に弟子たちの目の前で天の御国に引き上げられた。

２．新約時代の後期（使徒の働き、書簡、ヨハネの黙示録）

　新約聖書の後半部は、使徒たちによって神の国の福音が全世界に宣べ伝えられる様子を述べています。

● イエスから遣わされた使徒たちによる宣教

　使徒の働きには、イエスから派遣された弟子たちによる福音宣教の働きが記されています。使徒とは「遣わされた者」を意味します。イエスに召された 11 人の弟子たちと、ユダに代わって選ばれたマッティアの計 12 人のことを指します。マッティアは、イエスが弟子たちと一緒に生活していた間、いつも行動をともにした人たちの一人でした。

> 　使徒の働きを開きましょう。
> 　イエスが天に召された後の歴史を記したのが使徒の働きです。おもに、イエスから派遣された使徒たちと、使徒たちによって開拓された神の教会に関する記録です。

　イエスは天の御国に引き上げられる前に、弟子たちに最後のことばを言い残されました。「聖霊があなたがたの上に臨むとき、あなたがたは力を受けます。そして、エルサレム、ユダヤとサマリアの全土、さらに地の果てまで、わたしの証人となります」（使徒1：8）。**使徒の働きは、このイエスのことばがどのように実現するかを物語っています。**ですから、福音が使徒たちによってエルサレムから地の果てまで送り届けられる経緯に注目しながら使徒の働きを読み進めていきましょう。

　使徒の働きは、大きく２部に分けられます。１部は１章から 12 章まで、２部は 13 章から 28 章までです。

●通読の順序

まず、使徒の働きの前半部（1 ～ 12 章）を読みましょう。そこには、どのようにして福音が地の果てまで宣べ伝えられるようになったのか、その発端が記されています。

POINT ▶▶ 大宣教命令と聖霊降臨

イエスは死人の中からよみがえり、40 日にわたって弟子たちを励ました後に、弟子たちの目の前で天に引き上げられました。イエスは天に引き上げられる前に、弟子たちに聖霊が臨むまでエルサレムにとどまることと、聖霊が臨んだらあらゆる国の人々に福音を宣べ伝え、彼らをキリストの弟子とすることとを言い残し、天の御国に戻られました。このとき、イエスが弟子たちに最後に言い渡されたことばを「大宣教命令」、もしくは「至上命令」といいます。

イエスが天の御国に戻ってから 10 日がたつと、イエスの約束どおり、聖霊が弟子たちの上に臨みます。すると、弟子たちはイエスが死人の中からよみがえったと伝え始めました。こうしてイエスから遣わされた使徒たち、すなわちイエスにつき従っていた弟子たちによってキリストの復活がエルサレムの隅々まで告げ知らされました。その勢いはエルサレムにとどまらず、エルサレムで福音を聞いた人々や、ペテロやパウロなどによって世界各地に送り届けられます。

POINT ▶▶ エルサレムの教会とアンティオキアの教会

聖霊に満たされた弟子たちがキリストの福音を大胆に宣べ伝えると、日に日にイエスの弟子となる者が増えていきました。使徒たちは祈りとみことばの奉仕に専念するため、聖霊と知恵に満ちた、評判のよい 7 人を執事に任命し、彼らに教会の奉仕を任せます。使徒たちがキリストの福音を伝えることに専念すると、福音はますます広まり、エルサレムでイエスを信じる弟子の数が非常に増えていきました。

その頃、神はペテロを通して非ユダヤ人（異邦人）の間にもキリストの福音を広めていかれました。異邦人の間にも福音が宣べ伝えられると、エルサレムから500kmほど離れたアンティオキアという都市に神の教会が生まれました。

　エルサレムの教会から派遣されたバルナバは、パウロとともにアンティオキアに赴き、その地域に集う異邦人の信徒たちにキリストの福音を詳しく説明します。すると、主のことばはアンティオキア一帯にますます広まっていきました。

POINT ▶▶ 使徒たちによる不思議な奇跡と福音宣教

　イエスは使徒たちを遣わし、神の約束が実現したことを全世界に知らせようとします。使徒たちは公の場に出ていき、「神は預言者たちを通してあらかじめ告げておられたことを、イエスによって実現した」と証言します（使徒3：12～36など）。このようにして使徒たちは各地で大胆に福音を宣べ伝えていくわけですが、福音を語る前に、人々の注目を集めるきっかけがありました。それは使徒たちによって行われた不思議な奇跡です。

　使徒の働きの中には、ところどころに使徒たちが行った不思議な奇跡が記されています。生まれつき足の不自由な人が歩けるようになったり、病人や悪霊に苦しめられている人々が癒やされたり、窓から落ちて死んだ青年がよみがえったりと、実に多くの不思議としるしが出てきます。

　福音書にも多くの奇跡が記されていますが、それらには共通の特徴があります。イエスが十二弟子を村々に遣わされたとき、彼らにすべての悪霊を制して病気を癒やす力と権威を授けます。すると、弟子たちは村から村へと巡り、癒やしを行います。注目すべきは、そのような不思議としるしと並行して、もう一つのことが必ず行われていたという点です。そのもう一つのこととは、神の国の福音を宣べ伝えることでした。

　イエスは72人を遣わすときにも、町の病人を癒やし、「神の国があな

たがたの近くに来ている」と告げるように指導なさいました。つまり、**不思議な奇跡は、神の国の到来を告げるしるしだった**のです。イエスは悪霊につかれた人から悪霊を追い出し、病人を癒やすことを通して、目には見えない神の国が確かに近づいていることを、目に見える形で示されました。そうしてイエスによって行われた奇跡が、今度は使徒たちを通して起こるようになったのです。

ペテロとヨハネが生まれつき足の不自由な人を歩けるように癒やしたとき、その様子を目の当たりにした人々は、あたかも二人の力や敬虔さによって奇跡が起きたのだと誤解します。しかしペテロとヨハネは、イエスの名がその人を癒やしたと言います。そのようにして、神の国がエルサレムに臨んでいることを証ししました。

奇跡を行うことと福音を宣べ伝えることが一体であったことは、その後の彼らの言動からもわかります。ペテロとヨハネは祭司長たちから、「イエスの名によって語ることも教えることも、いっさいしてはならない」と命じられますが、釈放されて仲間のところに行くと、「イエスの名によって、癒やしとしるしと不思議を行わせてください」と祈ります。彼らがこのように祈ったのは、イエスのみことばを大胆に語るためでした（使徒4：18～30）。ここでも、癒やしとしるしと不思議を行うことと、神の国の福音を宣べ伝えることが密接に結びついています。また、ヘブル人への手紙2章4節を見ると、**「神も、しるしと不思議と様々な力あるわざにより…救いを証ししてくださいました」**とあります。このように、不思議な奇跡と福音宣教は、影と実体のように、切るに切り離せない関係にあります。

不思議な奇跡が神の国の到来を意味することを踏まえて、使徒の働きに出てくる不思議としるしに注目すると、おもしろいことが見えてきます。使徒の働きが進むにつれて、奇跡が起こる場所が少しずつエルサレムから遠ざかっているのです。これは、イエスが使徒たちに言われた**「聖霊があなたがたの上に臨むとき、あなたがたは力を受けます。そし**

て、エルサレム、ユダヤとサマリアの全土、さらに地の果てまで、わたしの証人となります」（使徒1：8）ということばが、そのとおりに実現していることを示しています。このように、使徒の働きはエルサレムから地の果てにまで、福音がますます広まっていく様子を述べています。

📖 **読む順番**

使徒の働き 1〜12章

　　　ここから先は、使徒の働きと、パウロが教会宛てに書いた書簡（手紙）を行き来しながら読み進めるようにします。各地の教会がどのように開拓されたのかを念頭に置き、その後の様子に注目しながらパウロの書簡を読むようにしましょう。新約時代の歴史を整理する場合は書簡を飛ばし、使徒の働きを一気に読んでしまいましょう。

　使徒の働き13章以降は、使徒パウロ（サウロ）という人物を中心に、キリストの福音が世界の果てまで宣べ伝えられる様子が描かれています。パウロとその一行は、3度にわたる伝道旅行でアジアと南ヨーロッパの町々を巡り、キリストの福音を宣べ伝えます。

　使徒の働きの後半部は、さらに二つの場面に分けることができます。パウロとその一行による伝道旅行（13：1〜19：20）と、ローマに向かう旅（19：21〜28章）です。

　使徒の働き13章から14章には、聖霊の導きによりバルナバとパウロがアンティオキアの教会から派遣される**第1次伝道旅行**の旅路が記録されています。そこまで読んだら、**ガラテヤ人への手紙**に進みます。ガラ

テヤは第1次伝道旅行のときに訪れた町々のある地方の名称です。

　3度にわたる伝道旅行の間、パウロは各地の教会に宛てて手紙を書きました。当時は、イエスの復活を否定したり、割礼を受けなければ救われないと言ってイエスの教えと異なることを教える人が教会の中に忍び込んでいました。神の律法についてあまり詳しくない異邦人もイエスを信じて教会に来ていましたので、異なる教えのほかに、異教の習わしをまねないように、イエスの教えを伝える必要がありました。そこでパウロは伝道旅行中に各教会に宛てて手紙を書き、それぞれの教会が直面している課題をどのように解決すべきかを教えました。

　パウロのほかにも、ペテロやヤコブ、ヨハネなどが各地の教会に宛てて手紙を書いています。これらの手紙を読めば当時の教会の実情を知ることができますが、新約時代の歴史を整理する場合は読まないで先へ進んでもかまいません。

POINT ▶▶ 第1次伝道旅行

　第1次伝道旅行では、バルナバとパウロがアジア（小アジア）とガラテヤ地方にあるユダヤ人の会堂を中心にキリストの福音を宣べ伝えます。聖書巻末に付随している聖書地図を参考に伝道旅行の道のりを追うと、命がけで福音を宣べ伝えようとした彼らの労苦を垣間見ることができるでしょう。

　多くのユダヤ人がキリストの福音を受け入れて回心した一方で、福音を受け入れず、二人を迫害するユダヤ人たちもいました。旅の道中、パウロはユダヤ人の激しい迫害を受け、一度死にかけます。それでも、神は福音のともしびが消えないようにバルナバとパウロを力づけ、無事にアンティオキアへ帰還できるように導きました。不思議なことに、激しい迫害に見舞われても、弟子たちは喜びと聖霊に満たされ、苦難に屈しませんでした。

📖 読む順番

使徒の働き 13〜14章→ガラテヤ人への手紙 1〜6章

次に、パウロとシラスによる第2次伝道旅行の旅路を記録した**使徒の働き 15 章から 18 章 22 節までを読み、それからピリピ人への手紙、テサロニケ人への手紙第一・第二を読みます。**

ピリピ人への手紙とテサロニケ人への手紙は、第2次伝道旅行のときにパウロが訪れたピリピとテサロニケにある教会に宛てて書かれたものです。パウロによる三つの手紙を読み終えたら、コリントにある教会に宛てて書いた**コリント人への手紙第一・第二に移ります。**アテネの町で福音を宣べ伝えた後に向かった先がコリントです。

POINT ▶▶ エルサレム会議

バルナバとパウロが第1次伝道旅行を終えてアンティオキアの教会に戻ると、異邦人も割礼を受けなければ救いに至らないと主張するユダヤ人たちが騒ぎを起こします。ユダヤ人たちの主張に対してバルナバとパウロが「人は神の恵みのゆえに、信仰によってのみ救われる」と反論すると、アンティオキアの教会は大混乱に陥りました。そこで、この問題について協議するために、アンティオキアにある教会はエルサレムにいる使徒と長老たちのところに出向きます。

パウロとバルナバがエルサレムに着くと、エルサレムの教会と使徒たちと長老たちに温かく迎え入れられます。二人は集まった人々に、神が異邦人の間で行われた不思議な奇跡について報告します。そして、エルサレムの教会の代表者たちは、異邦人の救いが神のみわざであることに衆議一決します。

エルサレムにいる使徒と長老たちは全会一致によって議決された事柄を各地の教会に知らせることにします。それから、先に福音を伝えた

町々の兄弟たちを訪問しようというパウロの提案をきっかけに、第２次
伝道旅行が始まります。

POINT ▶▶ 第２次伝道旅行

　２度目の伝道旅行に出かけたパウロとシラスは、１度目の伝道旅行の
ときに訪れた町々を巡りながら諸教会を励まし、力づけました。そうし
てリステラという町でテモテという弟子に出会います。テモテは信徒た
ちの間で評判の良い人でした。パウロはテモテを伝道旅行に同行させた
いと考え、彼に割礼を施し、一行に加えることにします。

　それからパウロはアジアに足を延ばそうとしますが、その地でみこと
ばを語ることを聖霊によって禁じられたため、進路を変更してトロアス
へ向かいます。

　ある夜、パウロは一人のマケドニア人が「マケドニアに渡ってきて、
私たちを助けてください」と懇願する幻を見ます。それが神のみこころ
であると確信したパウロは、早速、船に乗り、マケドニア地方へ渡って
行きます。

　マケドニア地方に着くと、パウロの一行はその地方の町々（ピリピ、
テサロニケ、ベレア）で福音を宣べ伝えます。不可解なことに、聖霊の
導きに従ってマケドニア地方に来たにもかかわらず、その地でそれまで
味わったことのない多くの苦難と迫害に見舞われます。町の商人に訴え
られ、むちで打たれて牢に監禁されたり、ユダヤ人にねたまれて町から
追放されたりします。それでも聖霊は一行を守り、彼らを通して信仰に
入る人を起こしてくださいました。

　パウロは伝道旅行を通して数えきれないほどの苦難と迫害に見舞われ
ますが、かけがえのない同労者にも恵まれます。何度も鎖につながれ、
心くじけそうになりますが、神の国の福音はつながれることなく、アジ
ア、ギリシアの全土へと広まり、ますます力強くなっていきました。

　マケドニア地方に続き、アカイア地方（アテネ、コリント）でもパウ

ロはキリストの福音を宣べ伝えました。アテネの町の人々に福音を伝えると、ある者たちはあざ笑い、またある者たちは傾聴します。それから、クラウディウス帝の勅令により、パウロはアテネを離れ、一人コリントへ渡って行きました。

　もともとアカイア地方はパウロが行こうとしたところではなく、難を逃れるために致し方なく身を潜めていた場所でした。ところが、聖霊はそのようなところで、生涯ともに福音伝道の働きを担う同労者アキラとプリスキラに出会わせます。

　また、主はユダヤ人による迫害を恐れていたパウロに「恐れないで、語り続けなさい。黙ってはいけない。わたしがあなたとともにいるので、あなたを襲って危害を加える者はいない。この町には、わたしの民がたくさんいるのだから」（使徒18：9〜10）と言って、彼を力づけます。そうしてパウロは1年半の間コリントにとどまり、神のことばを教え続けました。

　それからパウロは信徒たちに別れを告げ、エペソを通ってエルサレムに上って行きます。エルサレムの教会にマケドニア地方とアカイア地方で神が行われたことを報告し、アンティオキアに帰って行きました。こうして第2次伝道旅行を終えます。

📖 読む順番

使徒の働き15章〜18章22節 → ピリピ人への手紙 1〜4章 → テサロニケ人への手紙第一 1〜5章 → テサロニケ人への手紙第二 1〜3章 → コリント人への手紙第一 1〜16章 → コリント人への手紙第二 1〜13章

次に、**使徒の働きに戻って18章23節から19章までを読みます**。そこには第3次伝道旅行の様子がつづられています。

POINT ▶▶ 第3次伝道旅行

第2次伝道旅行から戻って来てからしばらくすると、パウロは3度目の伝道旅行に出かけます。アンティオキアを発ってガラテヤ地方とフリュギア地方を巡り、兄弟たちを励まし力づけ、それからエペソに向かいます。

パウロはエペソで2年間、毎日ティラノの講堂で論じ、福音を語ります。神はパウロの手によって驚くべき奇跡を行われました。病人を癒やしたり、悪霊を追い出したりして神の国が到来したことを証しします。そうして主のことばは驚くほど広まっていきました。

エペソに来てから2年がたとうとしていたある日、パウロは聖霊によってエルサレムに上るようにと告げられます。この旅の果てに、パウロはエルサレムやローマの法廷で、イエス・キリストのよみがえりの証人としてその事実を証言することになります。

📖 読む順番
使徒の働き18章23節〜19章

続いて、第3次伝道旅行のときに訪れたエペソの町にある教会に宛てて書かれた**エペソ人への手紙を読みます**。それから**コロサイ人への手紙に進みます**。

使徒の働きにコロサイという町は出てきません。コロサイはエペソから160kmほど離れたところにありますから、おそらくパウロがエペソにいた頃に、キリストの福音がコロサイにまで広まり、その町の人々がイエスを信じるようになったと考えられます（使徒19：10）。

📖 読む順番

エペソ人への手紙 1〜6章 → コロサイ人への手紙 1〜4章

　いよいよ使徒の働きも終盤に差しかかりました。使徒の働きを読み終えたら、パウロがローマの牢獄で書いたといわれる手紙を読みます。

使徒の働き 20 〜 28 章を読みましょう。ここには、おもにエルサレムからローマに到着するまでの経緯が記されています。

　ローマに向かう道中、船が破船したり、まむしに噛まれたりと紆余曲折を経てローマにたどり着きます。パウロは丸2年間、自費で借りた家に住み、ユダヤ人のおもだった人たちや訪ねて来る人々に神の国を宣べ伝え、主イエス・キリストのことを教えました。

POINT ▶▶ エルサレムでの騒動をきっかけにローマへ

　パウロが第3次伝道旅行を終えてエルサレムに戻ると、律法に熱心な人たちの間で、パウロが先祖たちの慣習に従って歩むなと教えている、といううわさが広まっていました。そこで、それが根も葉もないうわさであることを証明するために、宮に入り、清めの期間を過ごします。

　ところが、清めの期間が終わろうとしていた頃、アジアから来たユダヤ人たちがパウロを宮から引きずり出します。そうして騒動が持ち上がり、エルサレム中が大混乱に陥ってしまいました。そこで、エルサレムの治安維持に当たっていたローマ軍の千人隊長がパウロとユダヤ人の間に入り、事態を収集しようとします。

　千人隊長は、パウロがどうしてユダヤ人に告訴されたのかを確かめようとして、ユダヤの指導者たちに最高法院の招集を命じます。そしてパ

ウロを法廷に立たせます。パウロは議会に集まった人々を見つめ、弁明
します。すると議会は真っ二つに分かれ、激しい論争が巻き起こりまし
た。

　いよいよ騒ぎが大きくなると、千人隊長はパウロが議会に集まった
人々に引き裂かれてしまうのではないかと心配し、力ずくでパウロを連
れ出し、兵営に移します。その夜、主がパウロのそばに立って、「勇気
を出しなさい。あなたは、エルサレムでわたしのことを証ししたように、
ローマでも証しをしなければならない」（使徒23：11）と言われました。

　議会の後、ユダヤ人の中にはパウロをひそかに殺そうと企てる者たち
がいました。彼らの陰謀を知った千人隊長は総督フェリクスにパウロの
身の安全を要請するため、すぐさま手はずを整えて、二人の百人隊長と
兵をつけてパウロをカイサリアに移送します。正当な裁判が開かれるま
で総督フェリクスにパウロの身を保護してもらおうとしたのです。

　それから２年ほどがたち、新たにフェストゥスが州総督に着任すると、
祭司長たちとユダヤ人のおもだった者たちがパウロのことを訴え出ます。
ユダヤ人たちはパウロに対する多くの重い罪状を申し立てましたが、そ
れを立証することができませんでした。ユダヤ人たちの訴えに対して、
パウロはカエサルに上訴します。ついに、パウロはローマの法廷に立つ
ことになったのです。このようにして神は不思議な方法でパウロをロー
マに遣わされました。

　ローマに到着すると、パウロは番兵つきで自分だけの家に住むことが
許されました。ローマに暮らすユダヤ人のおもだった人たちを呼び集め、
彼らに神の国のことを証しし、またモーセの律法と預言者たちの書に基
づいて、イエスのことについて説明しました。ある人々はパウロの語る
ことを信じましたが、ある人々は信じようとしませんでした。こうして
パウロは満２年の間、自費で借りた家に住み、訪ねて来る人たちを迎え
入れ、彼らに神の国を宣べ伝え、大胆に、少しも妨げられることなく、
イエス・キリストのことを教えました。

📖 読む順番
使徒の働き 20〜28章

● まとめ：三度にわたる伝道旅行

　ここでパウロとその一行による伝道旅行をおさらいしましょう。新約聖書の歴史を理解するうえでとても重要な骨組みとなりますから、その経緯を頭の中に思い描けるようにしておきます。

　異邦人の間にキリストの福音が広まると、アンティオキアという地域にキリスト者たちの集いができます。聖霊の導きによってアンティオキアの教会からバルナバとパウロが派遣され、3度にわたる伝道旅行が始まります。

　アンティオキアの教会から派遣されたバルナバとパウロは、バルナバの故郷に赴き、ユダヤ人の会堂を中心にキリストの福音を宣べ伝えます。それからガラテヤ地方に渡り、五つの町でキリストの福音を宣べ伝えました。すると、多くのユダヤ人がキリストの福音を受け入れ回心した一方で、二人を迫害するユダヤ人たちもいました。

　第1次伝道旅行を終えてアンティオキアに戻ると、バルナバとパウロは教会の人々を集め、神が自分たちとともに行われたすべてのことと、異邦人にも信仰の門を開いてくださったことを報告します。そしてしばらくの間、アンティオキアにとどまります。

　アンティオキアの教会において救いの条件に関する論争が巻き起こると、パウロとバルナバはこの問題について協議するためにエルサレムにいる使徒たちや長老たちのところに上ります。神が異邦人を顧みて、彼らにも信仰の門を開いてくださったことが報告されると、異邦人の回心が預言者たちのことばとも一致するとして、異邦人の救いが神のみわざによることが全会一致で合意に至ります。そのことがアンティオキアの教会に伝えられ、論争は収まりました。

それから数日後、第１次伝道旅行のときに主のことばを宣べ伝えたすべての町で、信徒たちがどうしているかを確認するために、パウロはシラスとともに第２次伝道旅行に出ていきます。

第１次伝道旅行のときに訪れた町々を巡り終えると、パウロとその一行はアジアに足を延ばそうとしました。ところが、聖霊がアジアに行くことを禁じたため、進路を変更し、マケドニア地方へ向かいます。マケドニア地方（ピリピ、テサロニケ、ベレア）にある大都市で福音を宣べ伝え、それからアカイア地方（アテネ、コリント）でも福音を語ります。そうして、異邦人の住む地方にも福音が広まっていきました。

第２次伝道旅行を終えると、パウロはエルサレムに立ち寄ってからアンティオキアに戻り、それから再びガラテヤ地方とフリュギア地方を巡り、兄弟たちを励ました後、エペソに向かいます。第３次伝道旅行です。長らくエペソでキリストの福音を教え、多くの弟子たちが加えられました。こうして３度にわたる伝道旅行を終え、聖霊の導きによってパウロはエルサレムに上ります。その後、パウロはエルサレムで福音を証しし、それからローマでも福音を証しすることになります。

使徒の働きを読み終えたら、**ローマ人への手紙に進みます**。ローマ人への手紙はパウロがローマにいるすべてのキリスト者に宛てて書いた手紙です。

ローマ人への手紙を読み終えたら、パウロとともに福音宣教の働きに携わった３人の同労者に宛てて書いた**テモテへの手紙第一・第二、テトスへの手紙、ピレモンへの手紙**を読みます。これら三つの手紙は、パウロが各地方にある教会に宛てて書いた手紙とは違い、個人に宛てて書かれたものです。

📖 **読む順番**

ローマ人への手紙 1〜16章 → テモテへの手紙第一 1〜6章 → テモテへの手紙第二 1〜4章 → テトスへの手紙 1〜3章 → ピレモンへの手紙 1章

> パウロ以外にも、各地の教会に宛てて手紙を書き送った使徒たちがいます。ここで彼らの書簡を読むようにします。

まず、**ヘブル人への手紙、ヤコブの手紙、ペテロの手紙第一・第二を読み、続くユダの手紙を読みます。**使徒たちが一人、二人と世を去るなか、最後に天に召されたといわれる使徒ヨハネによる三つの手紙、**ヨハネの手紙第一・第二・第三を読み、最後にヨハネの黙示録を読めば完読**です。

POINT ▶▶ ヨハネの黙示録の読み方

聖書の最後に位置するのがヨハネの黙示録です。使徒ヨハネによって記録された手紙で、神の国が地上に実現する様子を描いています。エデンの園から始まったサタンとの戦いがいよいよ最終局面を迎え、ついにはキリストが治める「新しい天と新しい地」が天から降ることを預言しています。

ヨハネの黙示録は神の国の完成を説明する重要な書物である一方で、その解釈には緻密な聖書研究を要します。なぜならヨハネの黙示録には、象徴的なしるしや数字が数多く用いられているからです。それらは旧約聖書と新約聖書のみことばを理解していないと読み解くことができません。もしも安易にヨハネの黙示録を解釈しようとすると、過去に多くの人々が異端の教えに惑わされたのと同じように、真理の道から離れてし

まうこともあり得ます。

　使徒ペテロが手紙の中で教えているように、聖書のみことばの中には理解しにくいところがあります。難解なみことばを解釈しようとするときは、自分の都合のよいように歪曲してしまう危険があります。その結果、主を否定して、その身に滅びを招いてしまうのです。ですからペテロは、惑わしに誘い込まれて信仰を失わないようにと警告しています。

　これまで聖書を読んできて、理解しにくいところが多々あったはずです。それらのみことばをインターネットや書籍から調べる前に、まずは教会の牧師、神学を専門的に学んだ教師に聞くようにしましょう。そして、ヨハネの黙示録の前に並ぶ旧約聖書と新約聖書を熟読し、聖書のみことばを概観できるようになったとき、改めてヨハネの黙示録を読むことをお勧めします。そのときには、激しい信仰の迫害を受け、絶望の淵に立たされたヨハネを励ました希望のメッセージの意味を、より正確に読み取れるようになっているはずです。そうして、終わりの時を生きるすべてのクリスチャンに向けて語られた希望に満ちたみことばの真理を読み解くことができるでしょう。

📖 読む順番

　ヘブル人への手紙 1〜13章 → ヤコブの手紙 1〜5章 → ペテロの手紙第一 1〜5章 → ペテロの手紙第二 1〜3章 → ユダの手紙 1章 → ヨハネの手紙第一 1〜5章 → ヨハネの手紙第二 1章 → ヨハネの手紙第三 1章 → ヨハネの黙示録 1〜22章

あ と が き

　私がまだ20代の前半だった頃、韓国にある教会の日本語部で奉仕していた時期があります。日本では想像もつかないほど巨大な会堂に、日曜日にもなると約4万人が礼拝に集うという規格外の教会でした。

　そのような教会で牧会の道を歩み出したわけですが、毎週楽しみにしていたことが一つありました。それは日曜日に行われるいくつもの聖書の学びや教会学校の分級などに足を運び、その様子を見学することでした。

　ある日、教会学校のある建物に入ると、小学校の高学年の子どもたちが教室の入り口に集まっていました。その日、教会学校で行われる聖書クイズの予習をしていたようです。ある子が「ダビデの友人の名前は何だ？」と聞くと、隣にいた子が「ヨナタン」と答えます。ところが、ほかの子が「違うよ、ヨシュアだよ！」と言って、ちょっとした言い合いに発展しました。近くにいたほかの子どもたちもこれに加わり、「そうだよ、ヨシュアだよ！」「いや、ヨナタンだよ！」と建物全体に声が響きわたるほど激しくなっていきました。

　ダビデの友人がヨナタンなのか、それともヨシュアなのかと争う子どもたちを見ながら、「おそらく教会学校に来てまだ間もないんだろうな」と、そのいざこざを可愛らしく思い、少し離れたところから見守っていました。後になってから知ったことですが、その日に教室の入り口でクイズの問題を出し合っていた子たちは小学科高学年のグループ・リーダーを務めていて、幼い頃から教会学校に出席していたクリスチャン・ホームの子どもたちでした。これを聞いたときにはさすがに唖然としたものです。

　それからしばらくして、断片的にしか聖書を理解していない人は教会学校の子どもに限らず、教会学校の教師や古株の信徒の中にも大勢いる

ことを知りました。その多くが20年、30年と教会に出席し、長年にわたって教会の奉仕を担っていた人たちでした。それにもかかわらず、聖書に記された神の救いに関する知識は乏しく、ただ聖日礼拝に出席し、その後、奉仕をすればいいと考えているようでした。そのような彼らの姿勢に、どことなく残念な気持ちを抱きました。

今思えば、当時はまだ聖書の全体像を網羅した書籍も少なく、書店に並んでいる本は難しい専門書ばかりでしたから、なじみのない古代中東地域の歴史と文化に頭を抱えながら、彼らなりに悪戦苦闘していたのかもしれません。私自身、聖書を概観するようになったのは説教を準備しなければならないという必要に迫られたからであって、もしそれがなかったら、聖書をじっくり読み込むこともなかったでしょう。ともあれ、そのような体験をきっかけに、日本に戻ったら聖書を読むための教材を作ろうと考え、聖書の読み方に関する本を見かけるとためらわず入手するようになりました。

日本に帰って来てからというもの、教会の奉仕に追われ、聖書の読み方に関する教材の作成を後回しにしていました。ところが昨今、日本の教会を取り巻く状況を知り、気持ちに大きな変化が生じました。それは牧師の高齢化と新型コロナウイルス感染拡大に伴う時代の変化から来るものでした。

教会で聖書を教える務めを担う牧師の高齢化に伴い、向こう20年以内に大半の牧師が定年を迎えるということを知りました。今でも無牧の教会が急増している実状を踏まえると、聖書についてもっと学びたいのに教えてくれる牧師がいない、という事態に直面している人も少なくないと考えられます。もしかすると、そう遠くない未来に日本の教会は絶滅してしまうかもしれません。そのような状況を知ってから教会にいる幼い子どもたちを見ると、「羊飼いのいない羊」というイエス様のことばが頭をよぎり、いたたまれない気持ちを覚えました。

牧師の高齢化のほかにも、今はまだ幼い次世代のクリスチャンがこの

先直面するであろう課題を数多く目にします。新型コロナウイルスの感染拡大に伴い、いつにも増して現実的な問題に頭を悩ませられる時代です。

　今の30〜40代は新型コロナウイルスの感染拡大による生活苦のほかに、年金問題、老後2,000万円問題など、団塊の世代がこれまで悩むことのなかった新しい問題を抱えています。また、今や日本人の半分が患っているというガンや生活習慣病など、命にかかわる大病の若年化が進んでいます。大病のほかに慢性疲労症候群など原因不明の体調不良にも苛まれています。言うまでもなく20代に精神疾患を発症し、30〜40代になって人生を終わらせる人の報道が後を絶ちません。そして、そうした悩みに対して真摯に向き合ってくれる豊かな人間関係さえも失っています。何よりも心痛むのは、次の世代の子どもたちは、これよりもさらに過酷な時代を生き抜かなければならないということです。

　そのような時代に、創造主なる神だけを見つめ、信仰によって生きるのはなんと難しいことでしょうか。なぜなら、こうした複雑な問題に関するイエス様のみことばを教わらなければ、いとも簡単に世の風潮にのみ込まれて信仰から迷い出てしまうからです。もしも誰かが聖書のみことばを教えなければ、その昔、イスラエル人が異邦人の習わしに従って創造主なる神を忘れ、偶像に仕えるようになってしまったように、次の世代もまた主の道から外れ、世の価値観に染まってしまうことでしょう。

　そう考えると、教会の子どもたちに何とか聖書の教えを伝えることはできないだろうかと思い悩むようになりました。今はまだ幼い子どもたちですが、いつか大きくなったときに、信仰によって過酷な時代を乗り切れるようになってほしいという願いを込めて、それまで先送りにしていた教材の作成に着手しました。

　分厚い聖書を最初から最後まで読むのが億劫になるという人がたくさんいます。しかしながら、聖書が伝えようとしているメッセージは意外にも単純で、聖書に点在する物語を線で結べば自ずとその全体像が見え

てきます。聖書に記されている大小さまざまな物語は「キリストによる救い」というテーマによって一つにつなぎ合わされます。そして、神の救いの計画の全貌は、神が人と結ばれた契約によって少しずつ明らかになり、イエス・キリストの十字架と復活をもって完了しました。

このように聖書はイエスが救い主であられるという単純明快な真実を伝えようとしているわけですが、本書の執筆は早く書き上げようと急ぐ気持ちとは裏腹に、なかなかうまく進みませんでした。聖書の壮大な物語の点と点を結びつけ、説明するのがとても難しかったからです。幼い頃から律法を教えられていたイエス様の弟子たちでさえ、イエス様から旧約聖書に記された神のおしえを教わってもその意味を理解することができなかったわけですから、私などが聖書のつながりを説明する本を書くのはさすがに無謀だと気づき、一時はやめようと考えた時期もありました。

そんなとき、「それでも昔はこんな資料さえなかったのよ。これだけでも聖書を読む手助けになるわ」と励まし、陰ながら応援してくださった方のおかげで、次の世代の子どもたちのためにも簡易なものを書き上げようと踏みとどまることができました。

本書の原稿を一通り書き終えた今、教会に集う子どもたちが大きくなり、本書を手に取り聖書の読み方を理解して、聖書に記された神の恵みを知るようになる姿を勝手に想像しています。そうして神の恩恵を知り、聖書の神を「私の父なる神」として告白し、この過酷な時代においても世に流されず、キリストを信じる信仰を堅持することをただ願うばかりです。

また、聖書のみことばを教える教会学校の教師や家庭集会を導く担当者、小学生の子どもを持つ親御さんやお孫さんのいる祖父母、そして親元を離れ初めて一人で教会に行くようになった大学生や新社会人の方々にも、本書が聖書を読む手引きとなれば幸いです。

かつて使徒パウロがエペソにある教会の兄弟姉妹たちのために、昼も

夜も絶えず祈ったというように、栄光の父が、神を知るための知恵と啓示の御霊を一人一人に与えてくださり、その心の目がはっきりと見えるようになって、神の召しによって与えられる望みがどのようなものか、聖徒たちが受け継ぐものがどれほど栄光に富んだものか、また、神の大能の力の働きによって信じる者に働く神の力がどれほど偉大なものであるかを知ることができるようにと（エペソ1：15〜19）、陰ながらお祈りしています。

　最後に、本書の執筆に当たって聖書通読の難点を率直に打ち明け積極的に協力してくださった奉仕教会の兄弟姉妹方、また原稿執筆に時間を充てられるよう牧会の荷を持ち合ってくださった父母、さらに行き詰まったときに様々なアイディアをもって真摯に対応してくださった編集者に心からの感謝の気持ちをお伝えします。

　主イエスの恵みがともにありますように。

　2021年10月

清水顕孝

付録｜通読表

1. 簡易版

旧約聖書

前期	1. **神の契約**：創世記 1 〜 50 章 2. **約束の地への旅路**：出エジプト記 1 〜 40 章、民数記 1 〜 36 章 3. **約束の地での生活**：ヨシュア記 1 〜 24 章、士師記 1 〜 21 章
後期	4. **イスラエル王国の確立**：サムエル記第一 1 〜 31 章、サムエル記第二 1 〜 24 章、列王記第一 1 〜 2 章 5. **イスラエル王国の栄枯盛衰**：列王記第一 3 〜 22 章、列王記第二 1 〜 25 章 6. **イスラエル王国の再建**：エズラ記 1 〜 10 章、ネヘミヤ記 1 〜 13 章

新約聖書

前期	7. **キリストによる契約の成就**：ルカの福音書 1 〜 24 章
後期	8. **神の国の福音の拡大**：使徒の働き 1 〜 28 章

2．通常版

旧約聖書

前期	1．**神の契約**：創世記 1 ～ 50 章 2．**カナンの地への旅路**：出エジプト記 1 ～ 40 章、レビ記 1 ～ 27 章、民数記 1 ～ 36 章、詩篇 90 篇、申命記 1 ～ 34 章 3．**カナンの地での生活**：ヨシュア記 1 ～ 24 章、士師記 1 ～ 21 章、ルツ記 1 ～ 4 章
後期	4．**イスラエル王国の確立**：サムエル記第一 1 ～ 31 章、歴代誌第一 1 ～ 10 章、詩篇の一部（34、52、54、57、59 篇）、サムエル記第二 1 ～ 24 章、歴代誌第一 11 ～ 29 章、列王記第一 1 ～ 2 章、詩篇の一部（1 ～ 33、35 ～ 51、53、55 ～ 56、58、60 ～ 71、73 ～ 89、91 ～ 118、120 ～ 126、128 ～ 136、138 ～ 150 篇） 5．**イスラエル王国の栄枯盛衰**：列王記第一 3 ～ 8 章、詩篇の一部（72、127 篇）、列王記第一 9 ～ 10 章、歴代誌第二 1 ～ 9 章、箴言 1 ～ 31 章、雅歌 1 ～ 8 章、列王記 第一 11 章、伝道者の書 1 ～ 12 章、ヨブ記 1 ～ 42 章、列王記第一 12 ～ 22 章、歴代誌第二 10 ～ 25 章、列王記第二 1 ～ 14 章、アモス書 1 ～ 9 章、ホセア書 1 ～ 14 章、ヨナ書 1 ～ 4 章、列王記第二 15 ～ 20 章、歴代誌第二 26 ～ 32 章、イザヤ書 1 ～ 66 章、ミカ書 1 ～ 7 章、列王記第二 21 ～ 23 章、歴代誌第二 33 ～ 35 章、ゼパニヤ書 1 ～ 3 章、ナホム書 1 ～ 3 章、ハバクク書 1 ～ 3 章、ヨエル書 1 ～ 3 章、列王記第二 24 ～ 25 章、歴代誌第二 36 章、エレミヤ書 1 ～ 52 章、哀歌 1 ～ 5 章、詩篇 137 篇、オバデヤ書 1 章、エゼキエル書 1 ～ 48 章、ダニエル書 1 ～ 12 章 6．**イスラエル王国の再建**：エズラ記 1 ～ 4 章、ハガイ書 1 ～ 2 章、ゼカリヤ書 1 ～ 14 章、エズラ記 5 ～ 6 章、エステル記 1 ～ 10 章、エズラ記 7 ～ 10 章、詩篇 119 篇、ネヘミヤ記 1 ～ 13 章、マラキ書 1 ～ 4 章

新約聖書

前期	7.　**キリストによる契約の成就**：マタイの福音書 1 〜 28 章、マルコの福音書 1 〜 16 章、ルカの福音書 1 〜 24 章、ヨハネの福音書 1 〜 21 章
後期	8.　**神の国の福音の拡大**：使徒の働き 1 〜 14 章、ガラテヤ人への手紙 1 〜 6 章、使徒の働き 15 章〜 18 章 22 節、ピリピ人への手紙 1 〜 4 章、テサロニケ人への手紙第一 1 〜 5 章、テサロニケ人への手紙第二 1 〜 3 章、コリント人への手紙第一 1 〜 16 章、コリント人への手紙第二 1 〜 13 章、使徒の働き 18 章 23 節〜 19 章、エペソ人への手紙 1 〜 6 章、コロサイ人への手紙 1 〜 4 章、使徒の働き 20 〜 28 章、ローマ人への手紙 1 〜 16 章、テモテへの手紙第一 1 〜 6 章、テモテへの手紙第二 1 〜 4 章、テトスへの手紙 1 〜 3 章、ピレモンへの手紙 1 章、ヘブル人への手紙 1 〜 13 章、ヤコブの手紙 1 〜 5 章、ペテロの手紙第一 1 〜 5 章、ペテロの手紙第二 1 〜 3 章、ユダの手紙 1 章、ヨハネの手紙第一 1 〜 5 章、ヨハネの手紙第二 1 章、ヨハネの手紙第三 1 章、ヨハネの黙示録 1 〜 22 章

3．年間通読表

1月		2月		3月	
1	創1〜2	1	出39〜40	1	申5〜6
2	創3〜5	2	レビ1〜5	2	申7〜9
3	創6〜9	3	レビ6〜7	3	申10〜11
4	創10〜11	4	レビ8〜10	4	申12〜14
5	創12〜14	5	レビ11〜13	5	申15〜17
6	創15〜17	6	レビ14〜15	6	申18〜21
7	創18〜21	7	レビ16〜17	7	申22〜26
8	創22〜24	8	レビ18〜20	8	申27〜28
9	創25〜27	9	レビ21〜22	9	申29〜30
10	創28〜30	10	レビ23〜25	10	申31〜32
11	創31〜33	11	レビ26〜27	11	申33〜34
12	創34〜36	12	民1〜2	12	ヨシ1〜2
13	創37〜38	13	民3〜4	13	ヨシ3〜5
14	創39〜41	14	民5〜6	14	ヨシ6〜8
15	創42〜44	15	民7〜8	15	ヨシ9〜12
16	創45〜47	16	民9:1〜10:10	16	ヨシ13〜17
17	創48〜50	17	民10:11〜12:16	17	ヨシ18〜19
18	出1〜2	18	民13〜14	18	ヨシ20〜22
19	出3〜4	19	民15〜17	19	ヨシ23〜24
20	出5〜7	20	民18〜19	20	士1:1〜2:10
21	出8〜10	21	民20〜21	21	士2:11〜5:31
22	出11〜13	22	民22〜25	22	士6〜7
23	出14〜15	23	民26〜27	23	士8〜9
24	出16〜18	24	民28〜30	24	士10〜12
25	出19〜20	25	民31〜32	25	士13〜16
26	出21〜23	26	民33〜36、詩90	26	士17〜18
27	出24〜27	27	申1〜2	27	士19〜21
28	出28〜29	28	申3〜4	28	ルツ1〜4
29	出30〜31			29	Ⅰサム1〜3
30	出32〜34			30	Ⅰサム4〜7
31	出35〜38			31	Ⅰサム8〜10

	4月		5月		6月
1	Ⅰサム11〜12	1	Ⅰ列1〜2	1	箴30〜31
2	Ⅰサム13〜14	2	詩1〜2、4〜9	2	雅1〜4
3	Ⅰサム15〜16	3	詩10〜18	3	雅5〜8
4	Ⅰサム17〜18	4	詩19〜27	4	Ⅰ列11
5	Ⅰサム19、詩59	5	詩28〜33	5	伝1〜3
6	Ⅰサム20〜21、詩34	6	詩35〜41	6	伝4〜7
7	Ⅰサム22、詩52	7	詩42〜50、53	7	伝8〜12
8	Ⅰサム23〜24、詩57	8	詩55〜56、58、60〜66	8	ヨブ1〜3
9	Ⅰサム25〜26、詩54	9	詩67〜71	9	ヨブ4〜7
10	Ⅰサム27〜31	10	詩73〜78	10	ヨブ8〜10
11	Ⅰ歴1〜3	11	詩79〜85	11	ヨブ11〜14
12	Ⅰ歴4〜6	12	詩86〜89	12	ヨブ15〜17
13	Ⅰ歴7〜10	13	詩91〜102	13	ヨブ18〜19
14	Ⅱサム1〜2	14	詩103〜106	14	ヨブ20〜21
15	Ⅱサム3:1〜5:5	15	詩107〜118	15	ヨブ22〜24
16	Ⅱサム5:6〜6:23	16	詩120〜126、128〜134	16	ヨブ25〜31
17	Ⅱサム7〜10	17	詩135〜136、138〜142	17	ヨブ32〜37
18	Ⅱサム11〜12、詩51	18	詩143〜150	18	ヨブ38〜42
19	Ⅱサム13〜14	19	Ⅰ列3〜4	19	Ⅰ列12〜14
20	Ⅱサム15、詩3	20	Ⅰ列5〜7	20	Ⅰ列15:1〜16:20
21	Ⅱサム16〜17	21	Ⅰ列8、詩72、127	21	Ⅰ列16:21〜17:24
22	Ⅱサム18〜20	22	Ⅰ列9〜10	22	Ⅰ列18〜19
23	Ⅱサム21〜22	23	Ⅱ歴1〜4	23	Ⅰ列20〜22
24	Ⅱサム23〜24	24	Ⅱ歴5〜7	24	Ⅱ歴10〜13
25	Ⅰ歴11〜12	25	Ⅱ歴8〜9	25	Ⅱ歴14〜17
26	Ⅰ歴13〜16	26	箴1〜5	26	Ⅱ歴18〜22
27	Ⅰ歴17〜20	27	箴6〜9	27	Ⅱ歴23〜25
28	Ⅰ歴21〜22	28	箴10〜15	28	Ⅱ列1〜2
29	Ⅰ歴23〜26	29	箴16〜20	29	Ⅱ列3〜5
30	Ⅰ歴27〜29	30	箴21〜24	30	Ⅱ列6〜8
		31	箴25〜29		

	7月		8月		9月
1	Ⅱ列9～10	1	ミカ4～7	1	エゼ8～11
2	Ⅱ列11～14	2	Ⅱ列21～23	2	エゼ12～14
3	アモ1～5	3	Ⅱ歴33～35	3	エゼ15～17
4	アモ6～9	4	ゼパ1～3	4	エゼ18～20
5	ホセ1～4	5	ナホ1～3	5	エゼ21～22
6	ホセ5～9	6	ハバ1～3	6	エゼ23～24
7	ホセ10～14	7	ヨエ1～3	7	エゼ25～28
8	ヨナ1～4	8	Ⅱ列24、エレ1～3	8	エゼ29～32
9	Ⅱ列15～16	9	エレ4～6	9	エゼ33～35
10	Ⅱ列17:1～18:12	10	エレ7～9	10	エゼ36～37
11	イザ1～3	11	エレ10～13	11	エゼ38～39
12	イザ4～7	12	エレ14～16	12	エゼ40～41
13	イザ8～12	13	エレ17～20	13	エゼ42～43
14	イザ13～17	14	エレ21～23	14	エゼ44～46
15	イザ18～20	15	エレ24～25	15	エゼ47～48
16	イザ21～24	16	エレ26～28	16	ダニ1～2
17	イザ25～29	17	エレ29～31	17	ダニ3～4
18	イザ30～35	18	エレ32～33	18	ダニ5～6
19	Ⅱ歴26～28	19	エレ34～36	19	ダニ7～9
20	Ⅱ歴29～32	20	エレ37～38	20	ダニ10～12
21	Ⅱ列18:13～37、イザ36	21	Ⅱ列25、エレ39～41	21	エズ1～2
22	Ⅱ列19、イザ37	22	エレ42～45	22	エズ3～4
23	Ⅱ列20、イザ38～39	23	エレ46～48	23	ハガ1～2
24	イザ40～42	24	エレ49～50	24	ゼカ1～6
25	イザ43～45	25	エレ51～52	25	ゼカ7～10
26	イザ46～50	26	哀1～2	26	ゼカ11～14
27	イザ51～55	27	哀3～5、詩篇137	27	エズ5～6
28	イザ56～59	28	オバ1	28	エス1～5
29	イザ60～63	29	Ⅱ歴36	29	エス6～10
30	イザ64～66	30	エゼ1～3	30	エズ7～8
31	ミカ1～3	31	エゼ4～7		

	10月		11月		12月
1	エズ9〜10	1	ルカ21〜22	1	使18:23〜19:40
2	詩119	2	ルカ23〜24	2	エペ1〜3
3	ネヘ1〜3	3	ヨハ1〜3	3	エペ4〜6
4	ネヘ4〜7	4	ヨハ4〜6	4	コロ1〜4
5	ネヘ8〜10	5	ヨハ7〜8	5	使20〜23
6	ネヘ11〜13	6	ヨハ9〜11	6	使24〜26
7	マラ1〜4	7	ヨハ12〜13	7	使27〜28
8	マタ1〜4	8	ヨハ14〜15	8	ロマ1〜3
9	マタ5〜7	9	ヨハ16〜17	9	ロマ4〜7
10	マタ8〜10	10	ヨハ18〜19	10	ロマ8〜11
11	マタ11〜13	11	ヨハ20〜21	11	ロマ12〜14
12	マタ14〜16	12	使1〜2	12	ロマ15〜16
13	マタ17〜20	13	使3〜5	13	Ⅰテモ1〜6
14	マタ21〜23	14	使6〜9	14	Ⅱテモ1〜4
15	マタ24〜25	15	使10〜12	15	テト1〜3
16	マタ26〜28	16	使13〜14	16	ピレ1
17	マコ1〜3	17	ガラ1〜3	17	ヘブ1〜4
18	マコ4〜6	18	ガラ4〜6	18	ヘブ5〜10
19	マコ7〜8	19	使15:1〜18:22	19	ヘブ11〜13
20	マコ9〜10	20	ピリ1〜4	20	ヤコ1〜5
21	マコ11〜13	21	Ⅰテサ1〜5	21	Ⅰペテ1〜5
1	マコ14〜16	22	Ⅱテサ1〜3	22	Ⅱペテ1〜3
23	ルカ1〜2	23	Ⅰコリ1〜4	23	ユダ1
24	ルカ3〜4	24	Ⅰコリ5〜8	24	Ⅰヨハ1〜5
25	ルカ5〜6	25	Ⅰコリ9〜11	25	Ⅱヨハ1、Ⅲヨハ
26	ルカ7〜8	26	Ⅰコリ12〜14	26	黙1〜3
27	ルカ9〜10	27	Ⅰコリ15〜16	27	黙4〜7
28	ルカ11〜13	28	Ⅱコリ1〜4	28	黙8〜11
29	ルカ14〜16	29	Ⅱコリ5〜9	29	黙12〜15
30	ルカ17〜18	30	Ⅱコリ10〜13	30	黙16〜18
31	ルカ19〜20			31	黙19〜22

清水顕孝（しみず　かねたか）

1985年生まれ。韓国 長老派 総神大学 神学部（学士）、合同神学大学院（修士）卒業。
2008年より韓国釜山市にある水営路教会の日本語礼拝部で牧会の働きを始める。その後、ソウル市にあるサラン教会国際弟子訓練院に移り、教会で使う信徒教育用の教材制作にかかわる。2016年に帰国し、神奈川県厚木市にある厚木福音自由教会で牧会している。

＊聖書 新改訳 2017 © 2017 新日本聖書刊行会
＊本書中の聖書の書巻名、章・節の番号は『聖書 新改訳 2017』に準拠

通読ガイド

歴史に沿って読めば聖書がわかる

2021 年 12 月 1 日発行
2024 年 11 月 10 日 4 刷

著　者　清水顕孝
装　丁　Logos Design　長尾　優
発　行　いのちのことば社
　　　　〒164-0001　東京都中野区中野2-1-5
　　　　電話 03-5341-6923（編集）
　　　　　　 03-5341-6920（営業）
　　　　FAX03-5341-6921
　　　　e-mail:support@wlpm.or.jp
　　　　http://www.wlpm.or.jp/

書籍のご感想はこちらへ
wlpm.or.jp/pub/rd/